Comment parler de **politique** aux enfants

W0278600

*Un grand merci à l'École Preissac à Saint-Jean (31)
et notamment à Valérie Goujon, Éléonore Jossot-Poncet,
Marie-France Andres, et à leurs élèves, qui m'ont
si bien accueillie et ont bien voulu partager avec moi
leurs premières questions politiques.*

Participation à l'ouvrage : Camille Guénot
Conception graphique et maquette : Loïc Le Gall et Clément Chassagnard

Imprimé en France sur les presses de la SEPEC, septembre 2010

Tous droits réservés

ISBN : 978-2-36080-019-3
Dépôt légal : octobre 2010

© 2010, éditions Le baron perché
30 rue Jacob, 75006 Paris
www.editionslebaronperche.com

→ Sophie Lamoureux

Comment parler de **politique** aux enfants

éditions le baron perché

Sommaire

6 Préambule par Sophie Lamoureux

9 Politique, les premiers pas

19 Pourquoi ne peut-on pas se passer de politique ?

37 L'évolution des idées politiques

43 Des fiches pour comprendre
44 Comment utiliser les fiches ?
46 La démocratie
50 La République
56 La Constitution
60 La citoyenneté
64 Participer à la vie politique
68 L'État
72 Le président de la République
76 Le gouvernement
80 L'Assemblée nationale
84 Le Sénat
88 Les élections
92 Le vote
96 L'organisation politique entre États
100 L'Union européenne
104 L'Amérique et le monde
108 Le socialisme
112 Le communisme
116 Le libéralisme
120 L'anarchisme
124 Le totalitarisme
128 Les partis politiques
132 La justice
136 Politique et religion
140 La contestation politique
144 La violence en politique
148 La dictature
152 Politique et économie
156 Politique et médias
160 Politique et écologie
164 Femmes et politique

169 Pour en savoir plus
170 Glossaire
174 Quelques pistes

Préambule

par Sophie Lamoureux

Ce livre voudrait transmettre aux enfants le goût de la politique. Reconnue comme l'activité humaine la plus noble depuis Aristote, la politique représente une formidable avancée de la condition humaine. Grâce à elle, les hommes se sont libérés de leur assujettissement aux dieux et aux superstitions des sociétés primitives. Grâce à elle, la pensée s'est développée considérablement. Les hommes cherchent à convaincre en trouvant les meilleurs arguments possibles pour entraîner l'autre dans leur vision du monde.

La politique est notre patrimoine à tous, au même titre que le château de Versailles ou la Joconde. Faire apprendre par cœur les institutions, sans expliquer pourquoi les hommes les ont mises en place et à quels problèmes ils se sont heurtés, risque de rebuter plus d'un petit curieux. C'est pourquoi cet ouvrage s'intéresse plus particulièrement aux idées qui constituent la chair de la politique. La façon dont nous vivons traduit aussi ce que nous pensons. Avoir conscience de tout cela, c'est gagner notre place dans la société. Transmettre la politique de génération en génération constitue ainsi l'héritage le plus fondamental des hommes. La politique de demain dépend de ce que nous en ferons. Si nous ne nous en occupons pas, c'est elle qui s'occupera de nous.

Le voyage proposé ici ne se veut ni exhaustif ni chronologique. Il s'inspire de nombreux essais politiques, au premier rang desquels la formidable *Histoire des idées politiques*, de Philippe Nemo, qui présente de façon claire le cheminement des pensées, leurs articulations et leurs confrontations au cours des siècles.

Laissant malheureusement de côté bien des auteurs qui auraient mérité d'être cités, cet ouvrage s'attache à mettre en exergue les grands changements politiques pour montrer que des évolutions sont non seulement possibles, mais nécessaires pour améliorer constamment le système en place. La pensée a subi maintes révolutions. Ce qui paraissait impensable hier est devenu évident aujourd'hui. Ainsi, qui sait si nos descendants n'envisageront pas sous un jour complètement nouveau l'idée la plus tenace qui prétend que tout système de vie en groupe suppose un pouvoir de domination ? Bien des certitudes se sont écroulées depuis l'invention de la politique. Il se révèle donc indispensable de transmettre aux enfants cette connaissance, car ce sont eux qui se chargeront de la politique de demain.

En attendant les prochaines révolutions des esprits, ce livre propose un état des lieux de la politique passée et présente et tente de lui donner du sens. Il s'articule en deux grandes parties.

La première pose les idées générales. Elle répond d'abord aux questions évidentes que tout le monde se pose à un moment ou à un autre : c'est quoi la politique ? Pourquoi a-t-elle été inventée ? Pourquoi est-on obligé de vivre ensemble ? Puis, nous remonterons le fil de l'histoire en abordant les origines de la politique, l'importance de la cité grecque et des philosophes, l'apport de Rome et de son empire, la monarchie féodale puis absolue, la Révolution française, et enfin la République. Nous terminerons sur l'évolution des grandes idées politiques au cours de cette période, avant de les détailler dans la partie suivante. Cette seconde partie est construite autour de 30 thèmes afin d'entrer directement dans la pratique de la politique. À partir de questions d'enfants très concrètes, les réponses abordent autrement le fonctionnement des institutions, les dogmes des théories politiques, les relations internationales…

Nous tenons à préciser qu'aucune des idées exprimées ici n'appartient à l'auteur, qui se veut un simple passeur, ce livre constituant son passage de témoin. Son but est de mettre cette synthèse à la disposition des parents et enseignants afin qu'ils puissent à leur tour la transmettre aux enfants. Car la politique possède cette particularité qu'il faut sans cesse la réinventer !

Politique,
les premiers pas

Politique,
les premiers pas

Entretenir le questionnement politique

Pour qui tu vas voter ? Et pourquoi il y a des pauvres ? C'est quoi la démocratie ? Les enfants ont toujours une foule de questions à poser. Quoi de plus normal puisqu'ils découvrent le monde. C'est aux adultes d'encourager cette capacité à s'étonner.

Améliorer la société

Si l'éducation politique est aussi essentielle, c'est parce que la capacité de réfléchir s'apprend dès le plus jeune âge et que les enfants sont les citoyens de demain. Il est donc indispensable de leur faire comprendre qu'ils sont au centre de la politique, qu'ils seront responsables de la société puisque ce sera à eux de faire évoluer les institutions. Il ne s'agit pas de les accabler d'un poids trop lourd pour leurs jeunes épaules, mais de leur faire prendre conscience de leur futur rôle en leur racontant l'histoire, en leur montrant que les institutions n'ont pas cessé d'évoluer et qu'elles doivent encore évoluer pour devenir plus justes. Vous lui offrez ainsi l'espoir d'une société qui peut s'améliorer… grâce à lui.

Transmission ou prosélytisme

Comment parler de politique à un enfant tout en lui laissant la liberté de se forger sa propre opinion ? En gardant à l'esprit que la liberté s'acquiert. Tout comme un peintre qui commence par imiter les maîtres avant de trouver son propre style, un enfant commence par adopter les opinions de ses parents. Les convictions politiques de ces derniers constituent ainsi une base de réflexion : il ne faut donc pas craindre de les partager avec eux. À partir de ce socle d'idées, il convient simplement d'ouvrir les discussions en lui expliquant les différentes pensées. En lui fournissant ainsi les moyens de se forger sa propre opinion, l'enfant est amené à réfléchir par lui-même. « Mieux vaut apprendre à pêcher que d'avoir des poissons », dit un proverbe chinois. L'idéal est de donner aux enfants l'accès à d'autres sources d'information : journaux, Internet, livres (*Le Petit Prince*, de Saint-Exupéry, *La Ferme des animaux*, de George Orwell…).

Politique et conflit

Les discussions politiques sont passionnées et orageuses. Souvent, chacun campe sur ses positions, refusant d'écouter l'autre et ses arguments. Pour l'enfant, la politique devient alors synonyme de conflit. Cela peut le dégoûter durablement des sujets politiques, ou le pousser, à l'adolescence, à prendre la position diamétralement contraire à celle de ses parents ou à tout autre adulte représentant l'autorité. Lors de discussions, au sein de la famille comme en classe, l'adulte doit donc s'efforcer d'instaurer des règles simples d'écoute et de respect de l'autre, même si l'on n'est pas d'accord.

Face aux idées choquantes

Il arrive que les questions d'un enfant vous surprennent. En l'espace de dix mots, il peut vous faire douter de ce en quoi vous croyez. Inutile de le rabrouer, un enfant n'a pas toujours conscience de la portée de ses paroles. Ainsi, s'il proclame, lui le grand ami des animaux, qu'il préférerait que les expériences de laboratoire soient réalisées sur des prisonniers plutôt que sur des souris, ne le grondez pas. Il perdrait confiance en sa capacité de penser par lui-même et cette leçon risquerait de l'inhiber. Aidez-le plutôt à développer son idée et il finira par conclure de lui-même que les expériences sur les êtres humains sont inacceptables… même s'il garde la conviction qu'elles le sont aussi sur les animaux !

Savoir ne pas répondre à toutes les questions

Certaines questions sont plus intéressantes que les réponses, d'autres peuvent même rester sans réponse. On peut garder à l'esprit ce petit classement entre les questions dites « scientifiques » (combien y a-t-il de députés à l'Assemblée nationale ? Qui est assis sur le perchoir ?) et les questions plus « philosophiques » (pourquoi y a-t-il des riches et des pauvres ? Sommes-nous tous égaux ?). S'il faut répondre aux premières, quitte à aller chercher les réponses avec l'enfant si on ne les connaît pas, les deuxièmes doivent être appréciées pour ce qu'elles sont : une prise de conscience du monde et des autres. De telles interrogations nécessitent des réponses argumentées. Les hommes y réfléchissent depuis l'Antiquité au moins ! Mieux vaut donc relever leur intérêt et éclairer certains de leurs aspects. L'enfant apprendra ainsi à trouver des réponses en lui sans attendre qu'elles viennent toujours de l'extérieur. C'est le meilleur chemin de l'autonomie et de la confiance en soi.

La longue marche

Une manifestation, c'est comme une visite au musée : cela peut très vite dégénérer en chemin de croix pour un enfant ! Mettez-vous à sa place : il faut faire du sur-place un temps infini avant le départ, puis marcher sans but apparent pendant des heures, parfois sous la pluie ou dans le froid… Si vous décidez de l'emmener (selon son âge et ses envies), expliquez-lui pourquoi vous manifestez. Décryptez avec lui les messages parfois drôles des slogans, fabriquez ensemble une banderole qu'il sera heureux de porter (du moins au début !), et prévoyez une bonne pause rafraîchissement ou chocolat chaud aux premiers signes de fatigue.

Que leur **expliquer** selon leur âge ?

On entend souvent dire qu'il faut laisser les enfants être des enfants et ne pas les ennuyer avec des questions trop sérieuses comme la politique. C'est ignorer que la politique est partout et que les enfants se posent souvent des questions profondes. Il est inutile de s'établir un programme précis sur les notions que l'enfant doit acquérir à tel ou tel âge. Suivant les rencontres, les discussions ou les informations entendues, l'enfant chemine et posera ses questions en temps voulu. La vie quotidienne provoque forcément des interrogations (les SDF dans la rue, les grèves, les feux rouges et les sens interdits, une injustice à l'école…). On doit alors les accueillir et les éclairer, trouver un équilibre dans les réponses.

Les indications qui suivent tirent des généralités sur ce qui peut intéresser particulièrement une tranche d'âge. Ce ne sont pas des principes absolus, chaque enfant et chaque contexte étant bien sûr singuliers. Elles doivent être lues comme une base de réflexion pour aider les parents et les enseignants. La pratique de la discussion peut commencer dès le plus jeune âge. Plus elle sera précoce et plus son exercice sera aisé. L'âge de 5 ans a été retenu pour ce livre, car c'est en général vers cet âge que l'enfant commence véritablement à prendre conscience du monde qui l'entoure.

LES 5 À 7 ANS

Ce qui leur parle :

- Les injustices. Elles révoltent les enfants. Il n'y a qu'à les entendre crier : « Ce n'est pas juste ! » à la moindre occasion pour s'en convaincre.
- Ce qui est à toi, ce qui est à moi. Les enfants possèdent un sens très fort de la propriété. Leur expliquer que la politique fixe les règles pour déterminer « ce qui est à toi, ce qui est à moi » leur parle immédiatement.
- Les règles de communauté. Les enfants comprennent très bien que les règles sont nécessaires pour pouvoir vivre ensemble. « Sinon, ça serait la jungle. »
- Les premières questions philosophiques. La quête de pouvoir, la recherche de puissance… À un âge où le monde s'ouvre devant eux, les enfants posent de grandes questions, auxquelles il vaut mieux avoir déjà réfléchi soi-même.
- Les bons et les méchants. Ils aiment pouvoir départager le monde en blanc et noir, que les choses soient clairement définies. Ici, tout l'enjeu est de leur faire comprendre que le noir et le blanc sont les deux faces d'une même pièce.

NE PAS OUBLIER :

Leur capacité d'émerveillement

On dit parfois que les philosophes sont des enfants qui ont gardé leurs questions. À un âge où ils cherchent leur place dans la société, les enfants assaillent leurs parents de « pourquoi » et de « comment ». Des réponses et surtout de l'écoute qu'ils obtiennent dépendent leur curiosité et leur capacité à douter, à critiquer, à nourrir leur propre réflexion.

Le rapport à la vie quotidienne

Un enfant de cet âge peut tout comprendre si on lui explique des notions abstraites avec des exemples très concrets, tirés de sa vie quotidienne. Pour prendre l'exemple du socialisme et du capitalisme, il sera le premier à s'indigner des inégalités entre les êtres. Mais dites-lui qu'au nom de l'égalité vous allez donner la moitié de ses jouets au petit voisin, et vous le verrez changer de camp en un rien de temps.

Leur apprendre à s'ouvrir aux autres

Dans un premier temps, l'enfant voit de l'injustice partout et toujours une seule victime : lui-même ! Face à la loi des parents, face aux frères et sœurs ou aux copains, il a l'impression que les autres ont toujours plus que lui, sont plus aimés... Cette protestation, tout à fait classique dans le développement de l'enfant, peut servir de terreau pour des discussions sur la justice, l'égalité et la liberté. L'adulte aide ainsi l'enfant à se décentrer et à discerner ce qui est juste ou non.

Les inciter à réfléchir par l'exemple

Les grands discours ne valent pas grand-chose s'ils ne sont pas incarnés. Demander à son enfant de respecter un professeur alors qu'on met en doute son professionnalisme dès le retour à la maison, lui commander de respecter l'autre alors qu'on ne lui demande jamais son opinion agissent comme des contre-exemples pour les enfants. L'adulte doit toujours garder en tête qu'il est leur premier modèle.

LES 8 À 10 ANS

Ce qui les intéresse :

- Les injustices encore. Elles les scandalisent autant que les plus jeunes. Il peut être enrichissant de discuter avec eux de l'égalité et des différents sens de ce terme plutôt que de les voir s'arrêter sur l'inégalité.
- L'engagement. Les enfants de cette tranche d'âge ont envie d'agir pour changer les choses et se sentir utiles. Ils disent souvent que quand ils seront grands ils changeront tout. On peut leur proposer quelques gestes quotidiens facilement réalisables et voir avec eux s'ils tiennent déjà leurs engagements.
- L'histoire. Leur expliquer celle des civilisations anciennes (Égypte, Gaulois, chevaliers...) est une bonne occasion d'aborder avec eux les différentes organisations politiques de ces époques et leurs évolutions.
- L'étrange. Les us et coutumes d'autrefois (ou d'ailleurs) les font rire et peuvent par comparaison les amener à réfléchir sur ceux d'aujourd'hui ou d'ici.
- Les héros et les guerres. Ils aiment les situations dramatiques où les héros, auxquels ils s'identifient, font preuve d'un grand courage. La question de l'engagement politique et des idéaux est d'actualité !

NE PAS OUBLIER :

Leur soif de savoir

« Comment fonctionne un gouvernement ? Combien y a-t-il de députés ? À quoi ils servent ? » Ce n'est pas pour rien que l'âge de 7 ans est traditionnellement associé à l'âge de raison. Ce qui intéresse désormais l'enfant, c'est tout ce qui est quantifiable et probable. Il cherche à s'appuyer sur des certitudes. Ces questions scientifiques prennent le pas sur les interrogations métaphysiques de la période précédente. L'enfant peut même les laisser totalement de côté, s'il n'est pas invité régulièrement à réfléchir à des notions plus philosophiques. Derrière cette pratique campe toujours la même exigence : développer le sens critique du citoyen en herbe.

Les recherches personnelles

En cas de sèche sur une question ou pour un complément d'information, la recherche sur Internet valorise l'enfant. Il devient acteur et non plus simple récepteur. On peut l'accompagner, à la maison ou à l'école, pour l'aider à distinguer les sites fiables et lui laisser le plaisir de trouver la réponse. Cette petite inversion des rôles entre « celui qui sait » et « celui qui apprend » lui donne le goût de l'autonomie et la satisfaction de la reconnaissance.

Leurs références vidéo

Peu d'enfants y échappent désormais, donc mieux vaut en tirer parti et essayer de s'en servir de base de discussions. Certains jeux proposent d'organiser et de faire vivre une société de A à Z. Ce peut être une bonne occasion pour parler des similitudes et des différences entre le jeu et la société, entre les questions auxquelles se sont confrontés les hommes et celles que lui rencontre derrière ses manettes.

La visite au musée

L'histoire est un excellent moyen de rendre la politique plus concrète. Si l'enfant se passionne pour une époque en particulier, c'est le bon âge pour organiser une visite dans le musée consacré à ce thème. Ce n'est sans doute pas l'organisation politique qui l'intéresse au premier abord, mais celle-ci transparaîtra forcément au détour des objets du quotidien, des représentations du pouvoir, des trésors de guerre… Vous connaissez aussi l'intérêt des visites guidées, souvent riches en anecdotes et attrayantes pour les jeunes enfants.

LES 11 À 13 ANS

Ce qui retient leur attention :

- Les héros, surtout ceux au destin tragique qui ont su défendre jusqu'à la mort leurs convictions. Fanatisme, résistance, idéalisme, valeurs sont autant de notions à éclairer.
- L'histoire des personnalités politiques, comme celle du général de Gaulle, qui désobéit pendant la Seconde Guerre mondiale au régime de Vichy et devint le chef de la France libre, puis l'instigateur de la Ve République et son premier président.
- Les revenus des hommes politiques. Combien gagne le président de la République ? Un député, un maire ?
- Tout ce qui brille… et a été vu à la télé ! C'est l'âge où certains rêvent de devenir président de la République pour passer à la télévision ou présentateur du JT… pour la même raison.
- Les musées historiques. Ils aiment découvrir « pour de vrai » ce qu'ils ont pu entrevoir dans les livres. La reconstitution du site du siège d'Alésia, le champ de bataille de Verdun, les musées de la Résistance prennent soudain une tout autre ampleur.

NE PAS OUBLIER :

Des droits… et des devoirs

Nous vivons une époque où tout le monde revendique ses droits. Droits de l'homme, droits de l'enfant, droits des femmes, droits des immigrés, droit à la dignité… Les enfants eux-mêmes vous opposent de plus en plus un « Tu n'as pas le droit ! » Les grands oubliés de ce grand chant de revendications largement relayé par les médias : les devoirs. Il convient pourtant de les rappeler régulièrement à son enfant, les uns n'allant pas sans les autres, et leur respect entraînant plus d'exigence.

Un début de contestation

« La politique, c'est nul », « Ça ne sert à rien », « Tous les mêmes ». Leur dire que leur position ne mène pas à grand-chose risque de bloquer la situation. Mieux vaut essayer de s'appuyer sur leur besoin de critiquer pour ouvrir une discussion. Le ton doit rester léger sans tomber dans la remontrance. Faites-en un jeu, chacun argumente jusqu'à l'impasse… ou la révélation ! Ce peut être aussi le bon moment d'aborder les contestations politiques historiques, comme les révolutions (françaises, mais aussi américaine, anglaise, russe…).

Leur besoin croissant d'autonomie

Ils ont besoin de s'affirmer progressivement et de réaliser des choses par eux-mêmes. Ils éprouvent de plus en plus intensément ce tiraillement entre grandir et rester un enfant. C'est une période intéressante pour aborder avec eux des questions politiques comme le paternalisme ou l'assistanat (peut-on devenir indépendant en étant assisté ?) ou des sujets plus philosophiques comme « Peut-on forcer les hommes à être libres ? » ainsi que l'affirme Rousseau dans *Le Contrat social*.

Leur quête d'identité

L'adolescence n'est plus très loin et les jeunes de cette tranche d'âge se posent déjà beaucoup de questions sur eux-mêmes. Beaucoup se trouvent alors un héros et n'en démordent plus. L'enthousiasme pour les mangas en est l'un des meilleurs exemples. Ils mettent en scène des voyages initiatiques où les personnages en constante évolution doivent lutter contre eux-mêmes et leurs pulsions. On y retrouve les valeurs morales traditionnelles du Japon (l'honneur, la persévérance…) et l'organisation politique. Une nouvelle fois, il peut être très enrichissant de s'intéresser à ces contenus pour entamer des discussions.

La comparaison entre les pays

Il y a des démocraties, des républiques, des monarchies parlementaires… Tout cela paraît bien compliqué. Il n'y a jamais une seule réponse pour élaborer la société la plus juste possible et celle trouvée à une époque n'est pas forcément valable pour toujours et pour tout le monde. Elle est la réponse d'une population donnée à un moment donné. Cela permet aussi de s'interroger sur l'ingérence internationale et la validité de notre démocratie comme modèle universel.

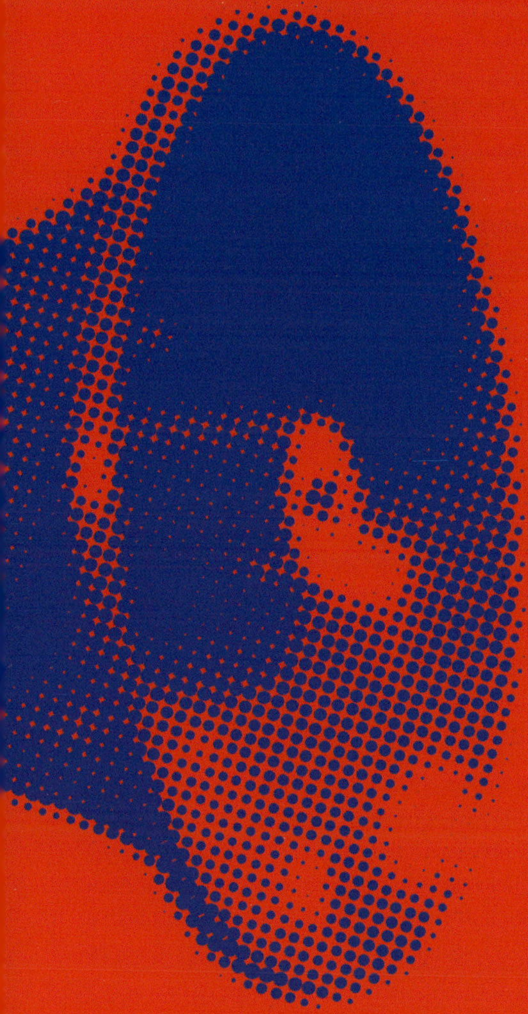

Pourquoi ne peut-on pas se passer de **politique ?**

C'est quoi, la **politique ?**

Comment définir la politique ?

Le mot « politique » vient du grec *polis*, qui signifie « cité ». Dans la Grèce antique, la politique était tellement indissociable de la cité et de la qualité de citoyen que les deux mots ont fini par se confondre. La politique est donc un terme très général pour désigner la façon dont les hommes organisent leur vie tous ensemble sur un territoire donné. Les programmes scolaires, les routes, le nombre de bibliothèques, ce qui est à toi, ce qui est à moi, tout cela c'est de la politique. La politique ou le politique ? La première, qui désigne une sphère d'activité, est de plus en plus assimilée au second, ce qui réduit son noble champ à la petite sphère du pouvoir. Ce glissement sémantique est tout à fait révélateur de l'état de notre société. La politique devient une affaire de spécialistes, bien éloignée du quotidien des individus. Un état d'esprit entretenu par les médias et qui permet au journal *Le Monde* de titrer dans son édition du 13 janvier 2010 : « 67 % des Français n'ont plus confiance dans la politique. »

Pourquoi la politique a-t-elle été inventée ?

Pour remplacer les dieux. Tant que les hommes ont cru que c'étaient les dieux qui organisaient l'univers et plaçaient leurs représentants sur terre (rois, pharaons…), ils ne pouvaient qu'obéir. La révélation est venue des échanges et de l'observation : en voyageant dans les autres pays de la Méditerranée, les Grecs de l'Antiquité ont réalisé qu'il existait des organisations différentes de la leur – celles-ci n'émanaient donc pas des dieux. Et si ce ne sont pas les dieux qui décident, c'est aux hommes de s'organiser eux-mêmes, d'inventer leurs lois et de les améliorer. Cette quête de la meilleure organisation possible a entraîné un développement de la pensée et l'apparition des premières théories politiques. Les deux premiers ouvrages politiques sont ceux de deux grands philosophes grecs qui servent toujours de référence : Platon avec *La République* (vers 375 av. J.-C.), et Aristote avec *La Politique* (vers 330 av. J.-C.).

Pourquoi les grands penseurs politiques sont-ils des philosophes ?

La philosophie est le préliminaire incontournable de toute pensée politique, puisque avant de se déterminer politiquement, il faut déterminer sa vision de l'homme et de l'univers. La politique, c'est aussi la mise en pratique de deux notions philosophiques dont tout dépend : la liberté et l'égalité. Tous les grands philosophes ont ainsi développé une pensée politique. Un nouveau champ d'étude spécifique a même vu le jour au cœur de la philosophie, on l'appelle la « philosophie politique ».

Pourquoi est-on obligés de vivre ensemble ?

« L'homme est un animal politique », expliquait déjà Aristote. Démuni à l'état naturel, l'homme se distingue des autres animaux par son appartenance à la *polis*, la cité, stade le plus évolué des associations humaines (après la famille, la tribu et le village). Il en découle un fait essentiel : toute société a pour objectif premier de protéger ses membres et d'assurer l'ordre au sein du groupe. À partir du moment où il vit avec d'autres, en échange de la protection de sa communauté, l'homme renonce à une part de sa liberté : il ne peut pas faire tout ce qu'il veut quand il le veut. Il renonce surtout à la violence et à la possibilité de se rendre justice lui-même. Une justice publique est établie pour prendre le relais de la justice privée et des lois sont fixées pour stipuler qui a raison et qui a tort. Un arbitre doit organiser tout cela, on l'appelle l'« État ». Il doit avoir le pouvoir de faire respecter ses décisions, la communauté lui remet donc le monopole de la violence (chaque individu s'engage à ne pas user de violence envers autrui et à se soumettre à la justice publique). Lui seul peut s'en servir à travers l'armée et la police (ce dernier terme vient aussi de *polis*). Tout l'enjeu de la politique est de déterminer les droits et les devoirs de chacune des deux parties ainsi créées : l'État d'un côté et les individus de l'autre. C'est ce qu'on appelle le « contrat social ». Il existe plusieurs contrats possibles qui constituent la base de toutes les idées politiques.

Quels sont les différents types de contrat social ?

Pour établir le meilleur contrat social, les philosophes ont imaginé comment les hommes vivaient à l'état de nature et ce qu'ils avaient à gagner à vivre en société. Trois grandes théories

se sont imposées à l'époque des Lumières : celles de Thomas Hobbes (1588-1679), de John Locke (1632-1704) et de Jean-Jacques Rousseau (1712-1778).
Pour Thomas Hobbes, « l'homme est un loup pour l'homme ». L'état de nature est un « état de guerre de tous contre tous » où les hommes sont gouvernés par leur seul instinct de conservation. Suivant la logique de ce mécanisme, l'autre représente une menace permanente. Le seul moyen d'assurer sa protection, c'est de se regrouper. Les hommes choisissent la vie et sacrifient leur liberté. Le meilleur contrat social est donc celui qui limite le plus possible les libertés de chacun, pour empêcher les hommes de se nuire les uns les autres. Cette vision a inspiré tous les penseurs et idéologies modernes qui prônent la soumission de l'homme à l'État (Robespierre, Hegel, le léninisme, le stalinisme, le nazisme…).
John Locke a une vision beaucoup plus positive de l'homme et de l'état de nature. Il conçoit ce dernier comme un état de liberté et d'égalité, dont le seul défaut est d'être précaire (alors qu'il rimait avec danger de mort chez Hobbes). Les hommes se réunissent donc pour s'assurer une plus grande stabilité et ainsi une meilleure prospérité. L'État est simplement le garant des lois communes. D'ailleurs, lui aussi doit les respecter sinon le peuple a le droit de le renverser. John Locke est considéré comme l'un des pères du libéralisme. Il a été le principal théoricien de la Glorieuse Révolution de 1688 en Angleterre, celle qui a instauré définitivement dans ce pays la monarchie constitutionnelle et le libéralisme économique.
D'après Jean-Jacques Rousseau, l'homme est naturellement bon, mais le passage à la société l'a corrompu. Désormais, chacun agit en ne pensant qu'à son intérêt privé. Le contrat social doit donc permettre à l'homme d'abandonner son égoïsme pour suivre l'intérêt général. Rousseau met ainsi au point une théorie de la volonté générale où l'État décide pour l'ensemble. Pendant la Révolution française, les Jacobins (Robespierre en tête) s'inspirent de Rousseau pour imposer l'idée d'une souveraineté illimitée de l'État, une doctrine proche en pratique de sa grande ennemie : l'absolutisme. Toute la différence tient à l'origine de cette souveraineté : avec les révolutionnaires, elle émane du peuple et non plus de Dieu.

Quelles sont les grandes tendances politiques ?

Camps et courants politiques se déterminent suivant leur vision du contrat social et le rôle qu'ils donnent à l'État. Aux deux extrêmes se trouvent le totalitarisme et l'anarchisme. Le totalitarisme prône un État tout-puissant et l'anéantissement de toute notion de liberté individuelle. L'anarchisme, bien au contraire, combat toute forme d'autorité au nom de la liberté individuelle. Entre ces deux visions, les autres idées politiques se partagent en deux grands camps que l'on regroupe, en France, sous les noms de « gauche » et « droite » depuis la révolution de 1789.

La gauche (dont les deux principaux courants sont le socialisme et le communisme) croit que la société n'a plus rien à voir avec la nature, car c'est une organisation artificielle créée de toutes pièces par les hommes. Il faut donc inventer une société où les injustices n'existent pas. L'État doit corriger les inégalités naturelles. C'est l'État providence. La gauche prône donc l'égalité plutôt que la liberté, cette dernière n'existant pas sans la première.

Pour la droite, au contraire, la société est le reflet de la nature. Comme dans la nature, les inégalités existent et existeront toujours. Tenter d'abolir ces différences est donc un leurre. Selon elle, les progrès de la société ont détruit l'ancienne organisation, qui était certes hiérarchisée (une tête - des bras - un corps), mais harmonieuse : les uns travaillent et permettent au groupe de vivre, pendant que les autres commandent et assurent la sécurité. Dans cette perspective, chacun a sa place et joue son rôle, satisfait de participer à l'ensemble. C'est la disparition de cette organisation qui engendre le désordre et le malaise social.

Prenant de la distance par rapport à ces deux visions, le libéralisme défend l'idée que la liberté engendre d'elle-même un ordre social. Un équilibre se crée entre bonnes et mauvaises choses, mais, pour l'atteindre, la liberté est nécessaire. L'État doit donc intervenir le moins possible. Il doit seulement assurer l'égalité de tous devant la loi et protéger les libertés : d'expression, de conscience, d'échanges. Cette pensée a abouti à élaborer les théories de la souveraineté du peuple et de la séparation des pouvoirs. Elle a fortement influencé les révolutions anglaise, américaine et française.

Pourquoi y a-t-il autant d'opinions différentes ?

Les opinions politiques relèvent de la croyance et non de la science. Elles sont un projet de société et portent sur ce qui devrait être fait concernant la conduite des affaires publiques. Elles ne sont donc ni vraies ni fausses. Elles peuvent cependant être bonnes ou mauvaises, suivant des critères plus objectifs. Si l'on regarde les grandes idéologies totalitaires, toutes ont en commun de nier la nature fondamentale de l'homme et de vouloir créer un homme nouveau. Pour elles, l'association politique possède souvent ses propres fins et les hommes doivent lui être assujettis. Une hiérarchisation des opinions politiques est donc possible, toutes ne se valent pas et ne sont pas acceptables.

Aux **origines** de la politique

Naissance de la politique

La politique a besoin de deux conditions pour émerger :
– une pensée rationnelle, différenciée des croyances religieuses, qui permet de concevoir et de réfléchir l'organisation d'un territoire ;
– l'existence d'un État, c'est-à-dire un ensemble de principes établis pour gérer un groupe.

Les premiers États connus sont bien antérieurs à la cité grecque. Ils sont apparus au Proche-Orient vers 4000 av. J.-C., après la révolution néolithique, la sédentarisation et la naissance des villes. Ces premiers États possèdent une armée, une administration (centrale et locale), une justice, mais ils conservent des traits archaïques : en tant que monarchies sacrées, leur organisation sociale se confond encore avec la vision du cosmos. C'est seulement avec l'apparition de la cité grecque au VIe siècle av. J.-C. que tout change : la religion recule, l'autorité sacrée est contestée, l'égalité devient une revendication, la raison émerge. La politique est née.

Les régimes politiques de la Grèce antique

Les cités grecques ont testé tous les régimes politiques. Sparte s'est ainsi illustrée pour son aristocratie militaire et Athènes est toujours célèbre pour sa démocratie. Dans sa quête du meilleur régime possible, Aristote entreprend, avec les élèves de son école, le Lycée, de dénombrer les régimes politiques de son époque. Il en compte 158. Pour les étudier, il reprend la classification mise au point par Hérodote (Ve siècle av. J.-C.) selon le nombre de leurs gouvernants : la monarchie (où un seul commande), l'aristocratie (où une minorité de citoyens gouverne), et enfin la démocratie, qui se caractérise par l'isonomie (la loi égale pour tous), où la majorité des citoyens prend les décisions. Pour Hérodote, la monarchie est le meilleur des systèmes puisque la démocratie débouche toujours sur l'anarchie puis sur la tyrannie ; l'aristocratie engendre des rivalités entre les clans et aboutit à la guerre civile. Pour Aristote, les trois régimes peuvent être de bons régimes politiques si le gouvernement s'exerce au profit des gouvernés. Mais ils possèdent chacun leur forme corrompue : la tyrannie, l'oligarchie et la démagogie.

La démocratie

L'invention de la démocratie est indissociable de celle de la politique. Une fois que les hommes ont réalisé que les dieux ne choisissaient pas leur organisation, plus rien n'empêche les aristocrates qui assurent l'ordre et la défense du groupe de revendiquer l'égalité politique avec le roi. Le concept d'égalité est né. La monarchie est remplacée par l'aristocratie. Puis, avec la même logique, les hommes libres de la classe moyenne, appelés à défendre la cité à chaque guerre, revendiquent à leur tour l'égalité politique. Il faut noter que, comme chez les Romains, c'est la défense de la cité qui donne au citoyen son pouvoir politique. L'idée de l'inégalité devient insupportable pour les Grecs. Ils inventent les lois pour que tous soient soumis aux mêmes règles écrites et non plus à l'arbitraire. Cependant, si comme le dit Aristote la politique est l'art de trouver une forme d'ordre, la démocratie ne peut pas durer, car elle demeure synonyme d'anarchie dans les esprits. Athènes reste un exemple isolé dans le monde grec et sa démocratie est emportée par un soulèvement aristocratique après cent ans d'existence (507-404 av. J.-C.).

La République, de Platon (429-348 av. J.-C.)

Platon est né dans une famille aristocratique d'Athènes. Ulcéré par les exactions du régime aristocratique, il est aussi très choqué par la réaction démocratique qui condamne à mort Socrate, dont il a été le disciple pendant une dizaine d'années. En 399 av. J.-C., Socrate avait été accusé de ne pas croire aux dieux de la cité, de pervertir la jeunesse avec ses idées novatrices et donc de représenter un danger pour l'ordre social. Jugé coupable, il avait été condamné à boire la ciguë.

Ces deux expériences malheureuses le conduisent à réfléchir au meilleur régime politique possible et il livre sa cité idéale dans *La République* (vers 375 av. J.-C.). Pour lui, la république est le but de la politique, c'est « l'art de gouverner les hommes avec leur consentement ». Son postulat de départ est qu'il faut construire une cité juste pour obtenir des citoyens justes. Il critique sévèrement la démocratie, « règne des sophistes », synonymes pour lui de démagogues, qui flattent la foule et s'appuient sur ses passions plutôt que de l'éclairer. Sa cité parfaite est celle où les philosophes sont rois et les rois philosophes. Ils composent l'autorité suprême. Ils sont capables de gouverner selon le bien, car ils ont eu une éducation adaptée et sont choisis parmi ceux qui ont reçu « le prix du plus haut mérite ». Platon propose une société hiérarchisée en trois classes – les chefs, les guerriers, les paysans/artisans – et un encadrement quotidien des emplois du temps de chacun. Malgré ses aspects « totalitaires », la cité de Platon se présente comme un État fondé sur le droit où chacun accepte sa place et permet à l'ensemble de vivre harmonieusement. Elle reste un idéal et est accusée d'ouvrir la porte aux politiques totalitaires.

La Politique, d'Aristote (384-322 av. J.-C.)

Aristote est né en Macédoine. Il arrive à Athènes à l'âge de 18 ans et devient l'élève de Platon. En 343, il est de retour en Macédoine comme précepteur du futur Alexandre le Grand. Puis il retourne à Athènes, où il fonde son école, le Lycée. Il laisse une œuvre immense qui a largement influencé les idées politiques postérieures. Écrite à la fin de sa vie, *La Politique* comporte huit livres. Comme Platon, il cherche à établir la meilleure association politique, celle qui permettrait d'enrayer la décadence de la cité grecque, où un régime chasse l'autre. Pour lui, la cité n'est pas artificielle mais naturelle. Ce n'est que dans son cadre que l'homme peut accomplir sa nature, d'où son expression célèbre : « L'homme est un animal politique. » Contrairement à Platon, Aristote défend la valeur de la majorité. Il propose un système politique basé sur « un juste milieu », un intermédiaire entre l'aristocratie, portée à l'égoïsme et qui ne possède pas forcément la compétence nécessaire pour gouverner, et la démocratie, trop instable et menaçante pour l'ensemble. Ce que propose en fait Aristote, c'est un régime où tous gouverneraient dans l'intérêt de tous et qui prendrait la forme d'une démocratie « modérée » ou censitaire, où la participation à la vie publique est réservée aux citoyens qui paient un cens (un impôt) minimal. Les plus pauvres sont donc exclus de la vie politique.

La politique et la Rome antique

L'histoire de Rome commence en 753 av. J.-C. et s'achève en 565 ap. J.-C. avec la mort de l'empereur Justinien, à Constantinople. On divise traditionnellement cette histoire longue de treize siècles en quatre étapes politiques : la royauté (milieu VIIIe-fin VIe siècle av. J.-C.) ; la République (509-27 av. J.-C.) ; le Haut-Empire (31 av. J.-C.-285 ap. J.-C.) ; le Bas-Empire (285-565 ap. J.-C.). Politiquement, la période de la République est particulièrement intéressante puisqu'elle reste la référence en tant que première république, la plus ancienne et la plus longue. Si les hommes libres y possèdent des droits politiques, la République romaine n'en est pas pour autant une démocratie, mais une oligarchie. Le pouvoir appartient à la classe des *optimates* (mot latin signifiant les « meilleurs », les « aristocrates »), et si la plèbe (le peuple) obtient des droits croissants au fil de la période, la naissance fixe toujours la place dans la société.

Le droit romain : premiers droits de l'homme

D'après les historiens, les Romains ont permis d'approfondir le contenu de la loi. De simple cité-État, Rome est devenue au fil des siècles et des conquêtes un grand État composé de peuples multiples. Pour faire vivre ensemble et dans la paix tous ces individus, les juristes ont dû inventer des lois pour tous, de plus en plus universelles, dégagées des particularismes culturels ou religieux. Or, en fixant ce que chacun a le droit de faire ou pas et ce qui relève ou non de la propriété privée, on crée une sphère de vie privée et un espace de liberté individuelle. Le philosophe et historien des idées Philippe Nemo soutient ainsi que « les Romains ont inventé l'homme occidental, c'est-à-dire la personne humaine individuelle, libre et ayant une vie intérieure, un destin singulier, et des droits qu'elle entend faire respecter aussi bien des autres personnes que de l'organisation collective. Toutes les formes politiques occidentales ultérieures (sauf au haut Moyen Âge) seront construites en fonction de l'être humain ainsi conçu. Aucun régime politique n'y sera durablement accepté qui ne soit pas *humaniste* », c'est-à-dire respectueux de l'être humain et de son épanouissement.

La politique sous **l'Ancien Régime**

La monarchie

Qu'on la fasse remonter à Clovis ou à Hugues Capet, qu'elle soit élective ou héréditaire, féodale ou absolue, la monarchie désigne le régime politique dans lequel l'autorité est concentrée dans les mains d'une seule personne. Cependant, il faut noter qu'elle désigne exclusivement un pouvoir légitime, c'est-à-dire reconnu comme juste par tous, et légal, c'est-à-dire obéissant à des règles. Ainsi, en France, du Moyen Âge à la Révolution, le roi ne gouvernait pas seul. Il était entouré de conseillers. Lors des conseils du roi, le monarque écoutait les différents avis et prenait ensuite sa décision. De même, lors de son sacre, il s'engageait à se soumettre aux lois fondamentales du royaume, vieilles règles devenues des coutumes assurant que le roi était au service du royaume et non l'inverse.

Les Parlements veillaient au bon fonctionnement du gouvernement et participaient donc, tout comme les états généraux, au pouvoir législatif. Dans la pratique, les rois de France tentaient constamment d'accroître leur pouvoir personnel. Ils réunissaient le plus rarement possible les états généraux et faisaient leur possible pour faire des Parlements de simples chambres d'enregistrement des lois.

La monarchie absolue

La monarchie absolue désigne la monarchie française des XVIe, XVIIe et XVIIIe siècles. Elle n'est pas synonyme de despotisme, contrairement à l'idée répandue aujourd'hui. Elle se présente même à l'époque comme un progrès. En effet, avant elle, la monarchie est féodale : le roi possède la souveraineté uniquement sur le domaine royal (qui est très réduit). Ailleurs, il n'est que le suzerain (le seigneur des seigneurs), les grands seigneurs règnent en rois sur leurs territoires (les fiefs), ils sont uniquement liés par un serment de fidélité à leur suzerain, le roi de France. La monarchie est devenue progressivement absolue lorsque les rois ont réussi à prendre le contrôle de tous les fiefs, acquérant ainsi véritablement la souveraineté sur tout le royaume. La monarchie absolue centralise le pouvoir et modernise le fonctionnement de l'État. Elle représente ainsi une avancée par rapport au traditionnel « éparpillement féodal », comme le souligne Jean Touchard dans son *Histoire des idées politiques*. C'est donc contre la féodalité que se développe l'absolutisme (terme qui apparaîtra seulement en 1797) et c'est bien ainsi que le justifient ses théoriciens. Philosophe et juriste français, Jean Bodin (1529-1596) est l'un des premiers à considérer l'absolutisme comme la meilleure façon d'assurer l'ordre et la sécurité des sujets, ceux-ci étant désormais tous soumis à la même loi, celle du roi. Celui-ci ne dépend d'aucune autre autorité, mais il est limité par des lois auxquelles il jure de se soumettre lors de son sacre. Ces lois sont la loi de Dieu, les lois fondamentales et la loi naturelle :

– la loi de Dieu : depuis Hugues Capet, le roi est roi « par la grâce de Dieu ». Il ne tient pas sa couronne d'une autorité humaine (le pape, par exemple). Le roi s'engage à faire la volonté de Dieu et non la sienne ;

– les lois fondamentales (ou lois du royaume) sont une véritable constitution coutumière. Elles ont pour but principal la « conservation du royaume ». Elles établissent l'inaliénabilité du royaume (la couronne se transmet selon la loi, le roi ne peut donc ni la céder à qui il veut ni abdiquer) et règlent la succession au trône (hérédité, primogéniture, masculinité…) ;

– la loi naturelle désigne la morale au sens large. Le roi est tenu de respecter les personnes comme les biens (et donc la propriété privée).

Les états généraux

Créés en 1302 par Philippe IV le Bel, les états généraux – assemblées des représentants du peuple – sont réunis lors des crises. Ces réunions permettent au roi de souder ses sujets autour de lui et de trouver des solutions aux problèmes, souvent financiers. Elles respectent ainsi un principe fondamental bien ancré dans les esprits, selon lequel aucune contribution ne peut être acceptée sans le consentement libre du peuple.
Elles réunissent les trois « états », c'est-à-dire les trois ordres : la noblesse, le clergé, le tiers état (le « troisième » et dernier des états, regroupant les roturiers). À partir de 1484, les députés sont élus et non plus désignés par le pouvoir royal. Ils rédigent, par ordre, des cahiers de doléances (des listes de revendications ou de plaintes). Entre 1614 et 1789, ils ne sont pas réunis, preuve que les rois ont réussi à imposer l'idée de leur pouvoir personnel. Ils sont convoqués une dernière fois en 1789 par Louis XVI pour tenter de trouver des solutions à une crise exceptionnelle.

Les Parlements

Les Parlements sont les cours de justice de l'Ancien Régime. Dans chaque circonscription, ils sont chargés de faire appliquer les lois. Ils tiennent donc des registres de lois et « enregistrent » chaque nouveau texte. À cette occasion, ils doivent vérifier si la nouvelle loi n'est pas contraire aux ordonnances antérieures, aux principes généraux du droit, aux privilèges ou aux coutumes des provinces… Si c'est le cas, les Parlements font de « très humbles et très respectueuses remontrances » au roi et l'enregistrement est suspendu. Si le roi ne tient pas compte des objections, les Parlements peuvent encore lui adresser d'autres remontrances et si le roi maintient sa décision, il ordonne par « lettre de jussion » qu'on enregistre la loi. En cas de nouveau refus, le roi se déplace en personne au Parlement de Paris (« lit de justice ») et ordonne lui-même au greffier d'enregistrer le texte. Les magistrats peuvent préciser en marge du texte que la loi est enregistrée sans leur consentement. Exemple célèbre, Henri IV fut obligé de se déplacer pour faire enregistrer l'édit de Nantes en 1598, qui reconnaît la liberté de culte aux protestants.

La **Révolution** française, une rupture politique

Les premières revendications

La révolution est un moyen radical et souvent violent pour changer la structure politique d'un État. Dans sa volonté de faire table rase du passé, le ou les représentant(s) de l'ordre ancien sont souvent symboliquement sacrifiés, de nouvelles institutions créées, un nouveau personnel politique institué. Malgré l'émoi qu'elle a partout suscité, la Révolution française n'est pas la première dans son genre. Elle a été influencée par les révolutions anglaises (1641-1649 ; 1688-1689) et surtout américaine (1776-1777), elles-mêmes déjà influencées par les idées des Lumières, ce vaste mouvement culturel et philosophique qui s'est répandu dans toute l'Europe à partir du XVIIe siècle et imposé au XVIIIe siècle.

Lorsque la révolution éclate en France en 1789, personne ne songe à abolir la monarchie. Le pays connaît une crise exceptionnelle (mauvaises récoltes successives, caisses du Trésor vides, société figée par les privilèges – droits et obligations dont bénéficient la noblesse, le clergé, ou un corps constitué –, impopularité de la reine et de la cour…). Louis XVI est contraint de convoquer les états généraux. Dans les cahiers de doléances, deux revendications émergent : une meilleure représentation du tiers état (chaque ordre possède une voix alors que le tiers état constitue plus de 98 % de la population) et la rédaction d'une Constitution.

La Déclaration des droits de l'homme et du citoyen (26 août 1789)

Inspirée des modèles américains, la Déclaration des droits de l'homme et du citoyen a été élaborée par des hommes modérés : Mirabeau, Sieyès, La Fayette, Talleyrand…

Le texte est une déclaration, ce qui signifie qu'il n'institue pas des droits mais rappelle ceux qui existent déjà. Ces droits sont proclamés dès le préambule comme étant « naturels, inaliénables et sacrés ». S'ils sont naturels, ils sont antérieurs à la vie en société et à la politique. La société, en se constituant, doit donc les respecter. Et c'est pourquoi l'« homme » et le « citoyen » sont distingués dans le titre : l'homme a des droits naturels, le citoyen des droits politiques. Le citoyen ne peut apparaître que si l'homme voit ses droits garantis. Ce qui est à nouveau précisé dans l'article 2 : « Le but de toute association politique est la conservation des droits naturels et imprescriptibles de

l'homme. » L'objectif de la société ou association politique n'a donc pas d'autre finalité que le « bonheur » de l'homme.
Parmi les droits naturels, la liberté vient toujours en premier. Elle « consiste à pouvoir faire tout ce qui ne nuit pas à autrui » (article 4). « Tout ce qui n'est pas défendu par la loi ne peut être empêché », contrairement à la situation sous l'Ancien Régime, où il fallait un privilège du roi pour pouvoir faire quelque chose.
Le deuxième droit reconnu est la propriété (article 2). Elle est même reconnue comme « un droit inviolable et sacré, nul ne peut en être privé (article 17) ». Cette déclaration est donc d'essence libérale et sera contestée peu de temps après par des révolutionnaires de gauche.
Les deux autres idées fortes du texte sont l'égalité et la loi. Les hommes sont « égaux en droits », ce qui signifie que tous possèdent les mêmes droits naturels et que la loi doit assurer cette égalité. Il n'est donc pas question d'une égalité sociale. De même que l'inégalité existe dans la nature, elle existe dans la société.

Une revendication : la Constitution

Le 20 juin 1789, lors des états généraux, les députés du tiers état prêtent le serment du Jeu de paume : ils jurent de ne pas se séparer avant l'élaboration d'une Constitution, un nouveau texte qui remplacerait les anciennes lois fondamentales du royaume. Ce sera la Constitution de 1791. Elle transfère la souveraineté du roi, fondée jusqu'ici sur le droit divin, à la nation. Et c'est là la grande innovation de la Révolution française, puis de notre République. Désormais, le roi exerce la souveraineté au nom de la nation. Louis XVI est dit « roi des Français », et non plus « par la grâce de dieu ». Entrée en vigueur en 1791, cette première Constitution de la France tente de faire évoluer la monarchie d'une forme absolue à une forme constitutionnelle, où le monarque est reconnu comme chef de l'État, conservant uniquement le pouvoir exécutif. Le législatif, quant à lui, est dévolu à une chambre unique, l'Assemblée, composée de 745 députés élus pour deux ans. Cette solution de compromis échoue dans l'ambiance chaotique de la Révolution. Le 21 septembre 1792, la royauté est abolie en France. Le lendemain, la République est proclamée.

La séparation des pouvoirs

La Déclaration des droits de l'homme et du citoyen proclame dans son article 16 : « Toute société dans laquelle la garantie des droits n'est pas assurée, ni la séparation des pouvoirs déterminée, n'a point de constitution. » L'idée de séparer les pouvoirs de l'État pour l'empêcher de devenir despotique a d'abord été développée par John Locke au XVIIe siècle. Le philosophe anglais s'inspire alors de la vieille idée médiévale de la « balance des pouvoirs », qui limitait le pouvoir royal pour l'empêcher de devenir absolu. John Locke théorise et distingue le pouvoir législatif et exécutif. Le premier crée les lois, le deuxième veille à leur exécution. Le premier est donc supérieur au deuxième. Montesquieu (1689-1755) reprend l'idée et leur adjoint un troisième pouvoir : le judiciaire. Cependant, tout comme Locke, Montesquieu ne préconise pas une rigoureuse séparation des pouvoirs, il conçoit simplement un équilibre harmonieux entre eux. La Déclaration des droits de l'homme et du citoyen en fait un dogme, comme la révolution américaine avant elle. On trouve ici l'origine des différents régimes constitutionnels actuels. Ainsi, aujourd'hui, la Grande-Bretagne possède un régime parlementaire établissant l'équilibre entre les pouvoirs du Cabinet – ou gouvernement – et du Parlement. Le Cabinet est responsable devant le Parlement, mais, en contrepartie, il peut le dissoudre. Les États-Unis ont opté pour un régime présidentiel prônant une stricte séparation des pouvoirs, l'un ne pouvant faire tomber l'autre. La France a, quant à elle, choisi un régime mixte entre les deux modèles (l'Assemblée nationale peut renverser le gouvernement en votant une motion de censure, mais le président de la République peut dissoudre l'Assemblée nationale).

Le modèle jacobin

D'abord conjoncturelle, l'organisation du territoire cristallise l'opposition entre Jacobins et Girondins pendant la Révolution. Pour les Jacobins, au nom de l'égalité, l'unité du territoire et donc la centralisation du pouvoir s'imposent. Les Jacobins prétendaient rompre avec l'Ancien Régime et ses privilèges territoriaux, qui sont d'ailleurs abolis dans la nuit du 4 août 1789. La plupart des historiens s'accordent aujourd'hui à dire que les Jacobins font plutôt figure, sur cette question, d'héritiers de Louis XIV. Le Roi-Soleil n'a en effet eu de cesse d'anéantir les vieilles autonomies territoriales d'origine féodale. Tocqueville le disait déjà : « La centralisation administrative est une institution de l'Ancien Régime, et non pas l'œuvre de la Révolution ni de l'Empire. »
À l'opposé, les Girondins (surnommés ainsi car la plupart des membres de ce courant politique sont des députés de Gironde) proposent un État fédéraliste, c'est-à-dire organisé en grandes régions indépendantes, sur le modèle des « états unis » d'Amérique. Menés par Brissot (1754-1793) et Condorcet (1743-1794), les Girondins perdent le contrôle de l'Assemblée en 1793 au profit des Jacobins et sont obligés de fuir.

La centralisation est devenue un élément constitutif de la République française, dite « indivisible » dans sa Constitution de 1958. Ce modèle s'est maintenu en France jusqu'à la politique de décentralisation entamée en 1982.

Une **exception** politique, la République française

Les grandes dates

La République française a une histoire chaotique. Née par accident en 1792, alors qu'il n'y avait pas de véritable volonté de créer une république, la première du nom perdure plus symboliquement que réellement : en 1804, Bonaparte se proclame empereur des Français sous le nom de Napoléon Ier. Vient ensuite la période dite « de Restauration » avec le retour de la monarchie. Celle-ci ne parvient pas à se réformer et face à l'insurrection parisienne (révolution de 1848), le roi Louis-Philippe abdique. Un gouvernement provisoire est formé, composé de républicains. La IIe République est proclamée, Louis-Napoléon Bonaparte (neveu de Napoléon) est élu président de la République. En 1851, ne parvenant pas à obtenir une révision de la Constitution (qui lui permettrait de se représenter à la présidence), Louis-Napoléon Bonaparte organise un *coup d'État* et s'impose comme empereur sous le nom de Napoléon III, en 1852. Après la guerre contre la Prusse en 1870, la IIIe République est proclamée le 4 septembre 1870, date retenue comme fondation effective de la République en France, même si le régime mit plusieurs années à se doter d'institutions définitives. Le 10 juillet 1940, le Congrès, réuni à Vichy, accorde les pleins pouvoirs au maréchal Pétain. La IVe République naît au lendemain de la Seconde Guerre mondiale en 1946. Elle sera remplacée par la Ve République en 1958.
Chaque république naît (et disparaît) à la suite d'une crise (interne ou extérieure) : Révolution pour la Ire, révolution de 1848 pour la IIe, guerre contre la Prusse pour la IIIe, Seconde Guerre mondiale pour la IVe, guerre d'Algérie pour la Ve.

Définitions

Du régime d'assemblée au régime présidentiel, la république peut prendre bien des visages. Depuis la Révolution française, on la définit en l'opposant à la monarchie puisqu'elle l'a remplacée : la

République désigne donc désormais un régime où le pouvoir n'est pas détenu par un seul homme et n'est pas héréditaire. Pourtant avant la Révolution, monarchie et république n'étaient pas considérées comme antinomiques. La monarchie s'opposait à la démocratie et à l'aristocratie, en tant que formes de gouvernement. La république semblait pouvoir s'accommoder des trois formes. La *res publica* – ou « chose publique » – désignait le bien commun, ce qui transcende les intérêts particuliers.

Liberté, égalité, fraternité

La devise de la République française, en usage dès 1793, officielle depuis 1880, affiche son idéal en trois mots. L'ordre choisi est important et, comme dans la Déclaration des droits de l'homme et du citoyen, c'est la liberté qui s'impose en première place. Éternelle deuxième, l'égalité prête généralement à confusion, car elle peut avoir trois sens : égalité des statuts juridiques, égalité des droits politiques, égalité des conditions matérielles. La première est reconnue depuis 1789. La deuxième n'a été effective qu'avec le vote des femmes, reconnu en 1944. Et la dernière reste conflictuelle. Elle s'oppose totalement à la liberté, puisque la mise en pratique d'une égalité des conditions matérielles ne peut se faire que par la force, comme cela a été le cas dans les pays du bloc de l'Est. Ces derniers se sont dits légitimes à limiter les droits naturels (au premier rang duquel la liberté) au nom de l'égalité matérielle. La fraternité se différencie de la liberté et de l'égalité. Comme l'explique le philosophe Paul Thibaud : « Autant la liberté et l'égalité peuvent être perçues comme des droits, autant la fraternité est une obligation de chacun vis-à-vis d'autrui. C'est donc un mot d'ordre moral. »Les rédacteurs ont intentionnellement traduit les grandes valeurs de la Déclaration des droits de l'homme et du citoyen pour donner celles de la République. Ces trois mots sont donc repris dans la Constitution de la Ve République, qui est dite « laïque » (pour liberté), « démocratique » (pour égalité) et « sociale » (pour fraternité).

Une République laïque

La séparation du civil et du religieux est un vieux concept que l'on trouve déjà chez les philosophes grecs et romains et dans le Nouveau Testament lorsque Jésus dit : « Rendez à César ce qui est à César, et à Dieu ce qui est à Dieu » (Évangile selon Marc, 12:17). Il est repris par les philosophes des Lumières et mis en pratique dès la Révolution (abolition des privilèges ecclésiastiques, disparition de l'idée de la souveraineté de droit divin, liberté de conscience...). Mais pour qu'elle soit véritablement effective, il faudra attendre la IIIe République avec la mise en place d'une école laïque (1879-1885), gratuite et obligatoire sous l'égide de Jules Ferry, et surtout la loi de 1905 de séparation de l'Église et de l'État. Depuis lors, l'État n'est pas compétent en matière religieuse et l'Église n'est pas compétente en matière politique. La France est la seule démocratie en Europe où la laïcité figure dans la Constitution. Les États-Unis, par exemple, prêtent toujours serment sur la Bible pour nombre de leurs actes politiques.

Une République démocratique

La mention paraît dès l'article premier de la Constitution. L'article 2 stipule que « son principe est : gouvernement du peuple, par le peuple pour le peuple ». L'idée paraît si évidente aujourd'hui que les termes de « république » et de « démocratie » sont souvent pris pour des synonymes. Or, en France, le suffrage universel ne s'est imposé qu'en 1848 pour les hommes et en 1944 pour les femmes. La République française n'est devenue démocratique qu'à cette date. Il existe toujours des républiques non démocratiques, comme la Chine, dite « République populaire de Chine ». À l'inverse, les monarchies constitutionnelles (Grande-Bretagne, Espagne...) sont des démocraties.

Une République sociale

Inscrit lui aussi dans l'article premier de la Constitution, l'adjectif « sociale » éclaire le rôle que se donne l'État : il n'est pas seulement un arbitre entre les citoyens, il se veut acteur. Acteur économique et social, il offre des services publics et s'engage à garantir contre les risques de l'existence (chômage, sécurité sociale...). La Constitution mélange ainsi les droits naturels fondamentaux (les libertés qui existaient déjà à l'état naturel et que la société en se formant s'engageait à respecter) et les droits sociaux qui apparaissent avec la société et ne dépendent pas toujours d'elle. Par exemple, la Constitution proclame le droit au travail (article 34 du texte de 1958), alors qu'un grand nombre de personnes est au chômage. Sans remettre en cause l'obligation pour la société de pourvoir aux besoins fondamentaux, certains intellectuels, à l'instar de Philippe Nemo, posent une question pertinente : « Puisque le droit au travail n'est qu'imparfaitement satisfait, pourquoi se scandaliserait-on que les libertés publiques subissent elles aussi des atteintes ? »

L'évolution des **idées** politiques

Des fiches pour **comprendre**

Comment utiliser les **fiches** ?

30 fiches thématiques abordent la politique sous toutes ses coutures. Elles définissent d'abord les concepts généraux (démocratie), le fonctionnement des institutions (Assemblée nationale, Sénat), les relations internationales (organisations, États-Unis et Union européenne), les grands systèmes de pensée (socialisme, communisme, libéralisme…) pour terminer sur les relations de la politique avec la religion, l'économie…

Chaque fiche s'appuie sur une illustration. Image du passé ou d'actualité, peinture, caricature… chacune a été sélectionnée pour la valeur de son message. Elles symbolisent ou illustrent un aspect du thème abordé et sont une accroche particulièrement utile pour les enfants de 5 à 7 ans. Elles leur permettent d'entrer concrètement dans la thématique.

Les fiches sont conçues autour d'un jeu de questions-réponses. Les questions, ou remarques, sont celles que les enfants posent le plus souvent et les réponses sont destinées aux parents et enseignants. Le niveau de difficulté augmente en fonction des tranches d'âges : 5-7 ans, 8-10 ans et 11-13 ans. Il est indiqué pour chaque question. Les questions des 5-7 ans interrogent essentiellement l'illustration de chaque fiche. Celles des 11-13 ans sont plus pointues. Les réponses partent donc du particulier pour aller au général. Elles peuvent être lues séparément mais elles se complètent les unes les autres.

Les 5 à 7 ans

À cet âge, les enfants posent déjà de grandes questions. On peut doucement les amener à développer cette faculté. Les illustrations se veulent une porte d'entrée proposant des éléments d'accroche pour découvrir la politique.

Les 8 à 10 ans

C'est l'âge de l'esprit scientifique. Les 8-10 ans veulent savoir comment ça marche, combien sont les députés... Ils recherchent des réponses très concrètes qui font écho à leur propre expérience. Ils réalisent par exemple qu'obéir aux règles, à l'école ou à la maison, ce n'est pas forcément se soumettre à l'arbitraire, c'est aussi éprouver sa liberté.

Les différents thèmes de réflexion sont identifiés par des codes couleurs

- *Le fonctionnement des institutions*
- *La politique et le monde*
- *Les courants de pensée politique*
- *Comment la politique intervient dans nos vies*

Les mots écrits en *italique* font l'objet d'une définition dans le glossaire p.170.

Les 11 à 13 ans

Les questions sont plus élaborées. Les 11-13 ans aiment comparer, ils cherchent donc à comprendre les relations qu'entretiennent les différents pays avec le monde extérieur. À l'heure de l'adolescence, ils apprécient aussi de sentir qu'ils peuvent jouer un rôle et qu'ils ont leur place dans la société. Les questions d'argent et de pouvoir sont également très importantes.

1.

La démocratie

Artiste inconnu
Vue de l'agora, place du marché de la Grèce antique
Gravure coloriée du XIXe siècle

5•7

C'est une ville imaginaire ?

Cette gravure est une reconstitution de l'agora, la place centrale de la cité grecque. Pendant l'Antiquité, c'est le lieu de tous les rassemblements : le marché, les réunions politiques, le tribunal… À Athènes s'y dresse le Bouleutérion, le bâtiment où se retrouvent les représentants des citoyens pour prendre les décisions politiques.

Qui sont les citoyens ?

Ce sont les hommes libres, âgés de plus de 20 ans, fils de père et de mère athéniens, ayant accompli deux ans de service militaire obligatoire. Ils vivent dans des quartiers appelés « dèmes » qui élisent chacun leur chef. Le mot « dème » a donné « démocratie », qui signifie « le pouvoir du peuple », puisque c'est le peuple qui décide.

Il n'y a pas de Président ?

Les Athéniens de l'Antiquité ont inventé un système où tous les citoyens gouvernent à tour de rôle : par tirage au sort ! Ils ne gouvernent jamais seuls, mais à plusieurs. En pratique, le territoire d'Athènes est divisé en dix tribus. Chacune tire au sort 50 représentants qui siègent à la boulê, l'assemblée qui prépare les lois. Régulièrement, tous les citoyens se rassemblent pour voter ou non ces lois. Ils tirent aussi au sort pour choisir les 60 hommes qui surveillent leur application.

Pourquoi le peuple ne laisse pas les hommes politiques gouverner ?

Cela reviendrait à dire qu'il y a deux sortes d'hommes : ceux qui sont faits pour gouverner et ceux qui obéissent. Les hommes ont lutté pendant des siècles pour faire reconnaître qu'ils étaient tous égaux. Cela leur donne des droits, mais aussi des devoirs. Tous les hommes doivent participer à la réflexion de l'organisation de leur pays, et décider de ce qui est bien pour tous.

8•10

Pourquoi la démocratie avait-elle disparu depuis l'Antiquité ?

Les penseurs des temps passés considèrent la démocratie comme un facteur de trouble. Or, les hommes vivent ensemble pour assurer leur sécurité et il faut donc de l'ordre. La démocratie a été testée à Athènes puis abolie, car elle s'est achevée dans le désordre. Pour entretenir ses citoyens qui font de la politique et ne travaillent pas, la démocratie athénienne a constamment besoin de faire la guerre et d'acquérir de nouvelles terres, engendrant des mécontentements dans la durée. La démocratie athénienne a vécu tant qu'elle a remporté des victoires et a sombré avec les défaites militaires. Jusqu'aux révolutions du XVIIIe siècle aux États-Unis et en France, il a semblé plus évident d'avoir un chef, un roi, choisi par Dieu. Progressivement, les idées ont évolué. On pouvait être plusieurs à décider sans que cela devienne le chaos. La démocratie est même apparue comme le meilleur des systèmes politiques pour beaucoup, puisqu'elle permet la vie en communauté d'une façon plus égalitaire que la monarchie de droit divin.

Avec la démocratie, il n'y a plus d'injustices.

Malheureusement, c'est faux. Déjà à Athènes, tous les individus ne sont pas considérés comme des citoyens : les femmes, les étrangers et les esclaves sont exclus de la vie politique. L'adoption de la démocratie a même fait augmenter le nombre des esclaves : les citoyens avaient besoin de plus de temps libre pour s'occuper des affaires publiques, et donc de plus d'esclaves.Cela ne s'est pas arrangé avec les démocraties modernes. Aux États-Unis, en 1776, la nouvelle démocratie n'a pas aboli tout de suite l'esclavage des Noirs. Il l'a été près de cent ans plus tard en 1865. Et encore ! Dès 1877, de nouvelles lois excluent les Noirs de la vie politique et économique du pays. C'est la ségrégation raciale. Ce système ne sera supprimé qu'en 1964 après de longues années de lutte et bien des drames.

Tout le peuple ne peut pas gouverner, c'est impossible.

Athènes avait inventé une démocratie directe où les citoyens étaient au pouvoir à tour de rôle. Dans nos démocraties modernes, nous sommes trop nombreux pour recourir à cette solution. Nous votons pour nos représentants et ce sont eux qui prennent les décisions en notre nom. C'est la démocratie représentative. Dans ce système, une partie des citoyens perd l'habitude de faire de la politique et laisse agir ceux pour qui ils ont voté. Une distance se crée ainsi entre la politique et ces citoyens, ce qui fait dire à certains que la démocratie n'est envisageable que sur de petits territoires. Mais d'autres ont décidé de réagir et proposent de renouer avec une démocratie participative. Dans cette vision, des débats locaux seraient organisés pour toutes les décisions importantes avant de devenir des lois.

Et si les gens ne vont plus voter ?

C'est ce que l'on appelle l'« abstention ». À l'heure actuelle, beaucoup de gens ne vont plus voter par indifférence ou par contestation. Ces personnes ont l'impression que leur vote ne sert à rien. L'abstention n'est pas prise en compte, mais lorsqu'elle est importante, elle pose de sérieux problèmes de légitimité des décisions : celles-ci peuvent-elles vraiment être mises en pratique si la moitié des citoyens n'a pas voté ? C'est un problème auquel sont confrontées toutes les démocraties, mais aucune n'a encore changé sa Constitution pour que des mesures soient prises dans un tel cas.

11•13

La majorité a-t-elle toujours raison ?

Dans une démocratie, c'est le plus grand nombre qui décide. Du coup, la démocratie est souvent accusée d'être la dictature de la majorité. Ses défenseurs ripostent que, la démocratie, c'est quand la minorité conserve tous ses droits, même lorsqu'elle a perdu les élections. Les vainqueurs des élections ne peuvent pas faire ce qu'ils veulent : ils doivent respecter la Constitution.

Ce n'est pas vraiment le peuple qui décide en fait…

Beaucoup de penseurs accusent la démocratie d'être un mensonge. Selon eux, elle est une oligarchie déguisée, c'est-à-dire un petit groupe qui tient les rênes du pouvoir en faisant croire qu'il agit pour la communauté alors qu'en fait, il n'agit que dans son propre intérêt. Pour Karl Marx, par exemple, les bourgeois sont les maîtres du système, ils n'ont fait que quelques compromis à l'égard du peuple qui les avait aidés à faire tomber la monarchie.

La plupart des pays sont des démocraties ?

Moins de la moitié des pays sont aujourd'hui des démocraties. En 2009, il y avait 89 démocraties dans le monde, sur 193 États. En 1946, il n'y en avait que 20. De plus en plus de pays choisissent donc ce mode de gouvernement. Cette évolution s'explique notamment par la démocratisation des pays de l'Europe de l'Est et celle du continent sud-américain depuis la fin des années 1980.

2.

La République

Artiste inconnu
Buste de Marianne

5•7

Que représente cette statue ?

C'est Marianne, elle symbolise la République et la liberté. Ses premières représentations sont apparues pendant la Révolution française. Les révolutionnaires avaient besoin d'une image forte pour incarner leur idéal. Ils ont choisi une femme, symbole de la mère patrie nourricière, tour à tour conquérante et protectrice. Elle est parfois sculptée en pied mais plus souvent en buste comme ici. C'est à partir de la IIIe République, et surtout après 1877, que les bustes se sont multipliés. Aujourd'hui, la plupart des mairies, même les plus petites, possèdent leur buste de Marianne (même si rien ne les y oblige). On retrouve aussi son image sur les timbres, sur les pièces françaises de centimes d'euros…

Elle porte un drôle de petit chapeau.

C'est le bonnet phrygien. Il symbolise lui aussi la liberté. Pendant l'Antiquité, les esclaves romains le portaient lorsqu'ils étaient affranchis. Les révolutionnaires de 1789 l'ont repris pour montrer qu'il fallait lutter sans relâche contre la servitude. Aujourd'hui, Marianne est toujours représentée avec le bonnet phrygien. Cela n'a pas toujours été le cas. Au XIXe siècle, on la sculptait et on la dessinait souvent avec un diadème ou une couronne pour représenter une République modérée, moins révolutionnaire qu'avec le bonnet phrygien.

Pourquoi l'appelle-t-on Marianne ?

Ce prénom viendrait d'une chanson révolutionnaire, la *Garisou de Mariano* (la « guérison de Marianne »), écrite en 1792 par Guillaume Lavabre à Puylaurens, dans le Tarn. À l'époque, de nombreuses filles du peuple s'appellent Marianne. Ce prénom provient de l'association de Marie et d'Anne, des prénoms nobles portés par plusieurs reines (Marie de Médicis, Anne d'Autriche). Marianne a progressivement été adoptée par tous – les révolutionnaires comme les aristocrates –, car c'est un compromis entre les deux origines – populaire et noble – du prénom.

Pourquoi porte-t-elle une écharpe bleu, blanc, rouge ?

C'est le drapeau tricolore, l'emblème de la République française. Le bleu et le rouge étaient les couleurs de la ville de Paris. Aux débuts de la Révolution, en 1789, on y a ajouté le blanc, qui symbolise le royaume de France. Ce dernier restait en effet associé à la Révolution, qui souhaitait instaurer une monarchie constitutionnelle.
Le drapeau bleu, blanc, rouge devient le drapeau de la Révolution, puis de la République. Il est aujourd'hui inscrit comme emblème national dans la Constitution (article 2).

Pourquoi on chante *La Marseillaise* ?

Les révolutionnaires cherchaient un chant de ralliement pour se donner du courage lorsqu'ils marchaient au combat. La Ire République a dû se battre contre toute l'Europe pour imposer ses idées. En 1792, à Strasbourg, un officier de l'armée, Claude Rouget de Lisle, compose un chant de guerre intitulé *Chant de guerre de l'armée du Rhin*. Cette chanson est reprise par un bataillon de Marseillais arrivé à Paris. Les Parisiens sont séduits par ce chant qui exalte la liberté et le rebaptisent *La Marche des Marseillais*, puis plus tard, *La Marseillaise*. Elle est devenue l'hymne national officiel en 1879, sous la IIIe République.

8•10

C'est quoi, la république ?

La république est la forme de gouvernement la plus répandue au monde. Sur 193 pays recensés par l'ONU, 135 sont des républiques. Venant du latin *res publica* (la « chose publique »), elle désigne une forme de gouvernement qui n'est pas héréditaire, c'est-à-dire qui ne se transmet pas de parent à enfant. On la trouve dans un État régi par des lois. En France, on l'oppose souvent à la monarchie, car elle a été instaurée à l'abolition de la monarchie en 1792.

La république, c'est comme la démocratie ?

La démocratie, c'est un système où le peuple détient le pouvoir collectivement. Ce n'est donc pas la même chose que la république. En France, les deux mots sont devenus des synonymes parce que le pays est à la fois une république et une démocratie. Ce n'est pas vrai partout dans le monde. Par exemple, l'Iran se nomme République islamique, l'islam y est la religion d'État et la population n'y est pas libre de s'exprimer, de manifester, de choisir ses dirigeants… À l'inverse, une démocratie n'est pas forcément une république. Par exemple, le Royaume-Uni est une démocratie, mais c'est une monarchie parlementaire.

Pourquoi certains pays ont-ils toujours des rois ?

Chaque système politique est le fruit de l'histoire du pays. En France, les révolutionnaires ont d'abord souhaité conserver la monarchie et partager le pouvoir avec le roi avant d'y renoncer et d'instaurer la république. En Angleterre, cette solution a fonctionné lors de la révolution pacifique de 1688-1689. D'autres pays, comme l'Espagne, ont connu une évolution semblable. On les appelle des « monarchies parlementaires » : le monarque reste le chef symbolique, mais la séparation des pouvoirs entre le Parlement et le gouvernement est respectée. Elles préfèrent garder leur roi ou leur reine qui incarnent le pays dans la durée plutôt que de changer de président tous les cinq ans. Ils estiment que le roi représente tout le pays et pas seulement la petite majorité (rarement plus de 60 %) qui a élu le président. De même, le roi n'est pas le chef d'un parti politique, il ne défend pas des intérêts particuliers comme le fait parfois un président, qui pense forcément à sa prochaine réélection.

La république, c'est mieux que la monarchie ?

Si l'on compare la République française au Royaume-Uni, qui est une monarchie parlementaire, l'esclavage y a été aboli en 1833, en 1848 en France. Les femmes ont eu le droit de vote en 1928, en France en 1944. La peine de mort a été supprimée en 1965 au Royaume-Uni, en 1981 en France. Il y a même plus de dictateurs dans les républiques que dans les monarchies. Le titre de République n'est donc pas un gage de liberté.

La république coûte moins cher que la monarchie ?

L'idée du faste et du gaspillage de la cour de Versailles a marqué les esprits et, pourtant, la monarchie ne coûte pas forcément plus cher que la république. Tous les historiens s'accordent désormais sur le sujet. S'il est difficile de comparer les monnaies de l'Ancien Régime et celle d'aujourd'hui, les proportions montrent même plutôt une république plus dépensière que notre ancienne monarchie. Si l'on compare les frais de fonctionnement des monarchies européennes actuelles, ils se situent en dessous de ceux de la République française.

11•13

Pourquoi y a-t-il eu cinq Républiques en France ?

Lorsque la monarchie a été abolie en France en 1792, elle avait près de 1 000 ans (si on la date bien d'Hugues Capet). Elle avait donc une vieille histoire derrière elle et avait imprégné totalement les modes de pensée. L'instauration de la république a été une réelle révolution, dans les faits et surtout dans les esprits. Elle a rencontré de nombreuses résistances. À chaque crise, il y a eu un retour en arrière (l'Empire avec Napoléon, la Restauration avec Louis XVIII et Charles X), mais chaque fois, les républicains ont réagi et restauré la république. Ils ont tenté de l'améliorer en tenant compte des circonstances du moment et des erreurs du passé qui avaient fait tomber la République précédente.

Quelles sont les grandes différences entre les cinq Républiques ?

La grande question qui se pose à chaque nouvelle République est celle de l'équilibre des pouvoirs entre la ou les chambres (Assemblée nationale et Sénat) et le président de la République. Le débat tourne souvent autour du rôle du président, car on a toujours peur qu'il devienne un tyran. Son mode d'élection est déterminant, car être choisi directement par le peuple donne beaucoup de pouvoirs. Ainsi, la Ire République n'a pas voulu de président, parce que les révolutionnaires souhaitaient rompre avec l'idée d'un homme fort. C'est une assemblée – la Convention – qui dirige le pays, puis cinq directeurs lors du Directoire. La IIe République a élu un président au suffrage universel, ce qui lui donne beaucoup de pouvoirs. D'ailleurs, il en abuse et se fait empereur. Plus prudente, la IIIe République choisit de réduire les pouvoirs du président. Son élection se fait à la majorité absolue par le Sénat et la Chambre des députés réunis en Assemblée nationale. Avec ce mode de désignation, le chef de l'État est plus effacé. La IVe République optera pour la même solution. Tout change avec le général de Gaulle et la Ve République. À partir de 1962, le président de la République est élu directement par les Français et joue un rôle déterminant dans la vie politique.

Pourquoi les gens de droite comme de gauche se disent républicains ?

La république, on le voit dans son histoire, peut recouvrir des significations très différentes. La IIIe République a d'abord été très conservatrice avec son premier président, Adolphe Thiers, qui est surnommé à la fois « le père de la république » et le « bourreau de la Commune », car il a fait écraser par l'armée le mouvement de la Commune – une révolte du peuple de Paris en 1871 –, qui avait une vision beaucoup plus égalitaire de la république que le nouveau gouvernement de Thiers. Il y aurait eu entre 10 000 et 30 000 victimes en une semaine d'affrontements. À l'opposé, la IIIe République s'est faite populaire en 1936-1937 avec le Front populaire, l'alliance des partis de gauche qui a gouverné le pays à cette époque. Se prétendre républicain peut donc recouvrir des opinions très différentes.

Y aura-t-il une VIe République ?

La Constitution de 1958 a été révisée 15 fois. Ces dernières années, le rythme des révisions s'est accéléré : il y a eu cinq révisions entre 1958 et 1992, dix révisions entre 1992 et 2000. Cette accélération provoque un débat sur la nécessité du changement de Constitution. Certains estiment que les révisions sont insuffisantes et demandent l'instauration d'une VIe République. Le principal problème posé par la Constitution actuelle tient au partage des pouvoirs entre le président de la République et le Premier ministre. En effet, depuis que la Constitution a été modifiée en 1962 et que le président de la République est élu au suffrage universel direct, il est devenu le véritable chef du pouvoir exécutif à la place du Premier ministre. Certains demandent donc que ce poste soit supprimé, mais ce serait alors tout l'équilibre des différents pouvoirs qu'il faudrait revoir.

3.

La Constitution

Howard Chandler Christy
(1873-1952)
The signing of the Constitution of the United States in 1787, 1940
Huile sur toile
Chambre des représentants, Washington D. C., États-Unis

5•7

Qui sont ces hommes ?

Ce sont les délégués qui ont rédigé et signé la Constitution des États-Unis, la « loi suprême du pays », en 1787. Ils sont les représentants des États américains, qui étaient 13 à cette époque (contre 50 aujourd'hui). À l'origine, il s'agissait de 13 colonies anglaises. Ces colonies se sont révoltées contre la Grande-Bretagne et ont déclaré leur indépendance le 4 juillet 1776. Elles ont finalement gagné leur indépendance après une guerre qui a duré jusqu'en 1783. Le tableau célèbre le moment où leurs représentants se sont retrouvés pour s'unir et établir leurs règles communes dans une constitution.

Qui est l'homme sur l'estrade ?

C'est George Washington. Il représentait l'État de Virginie, et présidait cette réunion. Il s'était rendu célèbre au cours de la guerre d'Indépendance, grâce à son courage et à ses victoires sur les Anglais. Après cette réunion pour la Constitution, il a été élu deux fois président des États-Unis, de 1789 à 1797. Il est toujours considéré comme l'un des pères fondateurs du pays. Les Américains ont même donné son nom à leur capitale.

C'est quoi exactement, la Constitution ?

C'est un texte qui prévoit l'organisation des pouvoirs dans un pays, en précisant qui fait quoi. Y a-t-il un président de la République ou est-ce un petit groupe de personnes qui dirige le pays ? Quels pouvoirs donne-t-on au président, s'il y en a un, et aux assemblées ? Toutes les réponses à ces questions sont rédigées avec grand soin, comme une règle du jeu qu'il faudra ensuite respecter.

8•10

Quelles questions les rédacteurs de la Constitution se sont-ils posées ?

Les problèmes étaient nombreux, car chaque État voulait rester le plus indépendant possible tout en s'unissant aux autres pour former un grand État. Les délégués, représentés sur ce tableau, ont donc inventé une nouvelle forme de gouvernement : l'État fédéral, et ils ont dû déterminer quelle part de pouvoir ils lui donnaient. Ils se sont heurtés à un autre casse-tête : tous les États devaient-ils être égaux et avoir le même pouvoir de décision, ou bien était-il plus juste de donner plus de poids à ceux qui avaient le plus d'habitants ?

Quelles solutions ont été retenues ?

Il a été décidé que deux assemblées représenteraient les États : dans la première – la Chambre des représentants –, le nombre de représentants de l'État dépend de la population (un représentant pour 30 000 habitants). Dans la seconde – le Sénat –, une même importance est accordée à chaque État (deux sénateurs par État). La Chambre des représentants et le Sénat forment à eux deux le Congrès, qui adopte les lois.

Comment se partagent les pouvoirs entre les États et l'État fédéral ?

Chaque État américain reste souverain, c'est-à-dire maître de ses lois sur son territoire, sauf en ce qui concerne la défense, la diplomatie, l'impôt et la monnaie. Dans ces domaines, c'est l'État fédéral qui décide pour tous. C'est pour cette raison, par exemple, que certains États appliquent toujours la peine de mort, tandis que d'autres l'ont abolie.

Combien les États-Unis ont-ils eu de Constitutions ?

Une seule, celle de ce tableau, qui a été élaborée en 1787 et mise en pratique en 1789. C'est l'une des plus anciennes Constitutions au monde. Sa longévité exceptionnelle est attribuée à la façon originale dont elle a été rédigée. Les délégués voulaient tous sauvegarder farouchement l'indépendance de leur État, donc la Constitution ne dit pas ce que l'État doit faire, mais elle proclame ce qu'il ne peut pas faire, et trois cents ans plus tard, tout le monde est toujours d'accord !

Combien la France a-t-elle eu de Constitutions ?

La France a eu un parcours plus chaotique depuis sa Révolution de 1789. Elle a eu 15 Constitutions. Certaines n'ont eu qu'une existence théorique (comme la Constitution de 1793), d'autres une existence très brève (la Constitution de 1848 et celle de 1946). Cette différence entre les États-Unis et la France s'explique par l'histoire des deux pays. Les colonies d'Amérique étaient peuplées d'immigrants venus d'Europe, en quête de liberté et qui voulaient créer un nouveau monde. La France, elle, avait un héritage monarchique très fort. De même, les colons en Amérique avaient tous à peu près la même condition sociale et le même rêve : avoir les mêmes chances de réussir et de faire fortune. Il leur était donc plus facile d'instaurer l'égalité entre eux qu'en France, où les anciens privilégiés voulaient retrouver leurs avantages.

11•13

Comment change-t-on la Constitution ?

On peut en changer complètement, ou simplement améliorer l'un de ses aspects par une révision en France, par un amendement aux États-Unis. Ainsi, si les États-Unis ont toujours la même Constitution depuis leur création, ils l'ont modifiée 27 fois. En 1951, un amendement limite à deux le nombre d'élections d'une même personne à la présidence du pays. En France, la Constitution actuelle, qui date de 1958, a été révisée 15 fois. La dernière, en 2008, a renforcé les pouvoirs du Parlement.

Qui rédige la Constitution ?

En démocratie, il existe plusieurs façons d'élaborer une Constitution : la discussion parlementaire (une assemblée spécialement élue à cet effet), la rédaction d'un texte par le gouvernement ou un comité de spécialistes désigné par le gouvernement.

Qui vérifie que la Constitution est bien respectée ?

En France, c'est le Conseil constitutionnel. Chaque fois qu'une loi est votée, il est chargé de veiller à ce qu'elle ne soit pas contraire à la Constitution. Ce conseil est composé de neuf membres, renouvelés par tiers tous les trois ans. Trois sont désignés par le président de la République, trois par le président de l'Assemblée nationale et trois par le président du Sénat.

Toutes les démocraties ont-elles une Constitution ?

Certains États, comme le Royaume-Uni, n'ont pas de Constitution écrite ; c'est la coutume qui prévaut pour organiser les relations entre les institutions. Les Constitutions peuvent aussi avoir une forme très différente d'un pays à l'autre, ou d'une Constitution à l'autre. Par exemple, les États-Unis ont une Constitution qui comporte à la fois la liste des droits fondamentaux reconnus aux citoyens et l'organisation des différents pouvoirs. En France, la Constitution de la IIIe République, instituée en 1875, ne comportait aucune référence aux droits fondamentaux. Celle de la Ve République, en revanche, comporte un préambule proclamant l'attachement du peuple français aux Droits de l'homme et au principe de souveraineté nationale.

4.

La citoyenneté

Eugène Delacroix
(1798-1863)
La Liberté guidant le peuple, 1830
Huile sur toile
Musée du Louvre, Paris

5•7

C'est la guerre ?

Ce tableau du peintre français Eugène Delacroix (1798-1863) représente la révolution de Juillet, qu'on surnomme aussi les « Trois Glorieuses », car elle a duré trois jours : les 27, 28 et 29 juillet 1830. Il s'agit d'un soulèvement populaire contre le roi Charles X, qui a tenté de faire passer des décisions par la force. Le peuple de Paris s'est soulevé, a dressé des barricades dans les rues et a affronté l'armée. Charles X a été renversé et remplacé par un autre roi, Louis-Philippe.

Il y a des morts !

Au premier plan, on voit trois morts : un homme, les jambes nues, et deux autres dans le coin droit du tableau. Le peintre les a représentés pour montrer que les combats ont été très violents. Lors de ces trois journées, environ 200 soldats et 800 insurgés ont péri. Cette révolution n'a pas duré longtemps, mais sa violence a marqué les esprits.

Qui est cette femme avec le drapeau ?

C'est Marianne, l'emblème de la République et de la liberté. Elle apparaît ici en conquérante : dans sa main gauche, elle porte un fusil, dans sa main droite, elle brandit le drapeau tricolore de la France, encourageant les hommes à la suivre. Ses seins découverts représentent à la fois la mère nourricière et la liberté.

Qui est le petit garçon à côté d'elle ?

Avec ses pistolets dans chaque main, on dirait un cow-boy ! Il est sorti de l'imagination du peintre. Trente ans plus tard, il a inspiré à l'écrivain français Victor Hugo son personnage de Gavroche dans le roman *Les Misérables* (1862). Comme lui, il porte en bandoulière une sacoche de munitions, sans doute volée à un soldat.

8•10

Les hommes autour de la femme sont habillés très différemment.

Le peintre Eugène Delacroix s'est représenté sous les traits de l'homme au chapeau haut-de-forme, mieux habillé que les autres personnages. Il a écrit à son frère : « Si je n'ai pas vaincu pour la Patrie, au moins peindrai-je pour elle… » Son personnage tient fermement un fusil des deux mains, il semble déterminé. Ce que le peintre a voulu représenter ici, c'est l'union de la bourgeoisie (à travers son personnage) et des pauvres, qui luttent côte à côte pour la liberté.

Faut-il faire la guerre pour être un citoyen ?

Il faut en tout cas être prêt à défendre les valeurs de la République. Durant l'Antiquité, c'était la défense de la cité qui donnait au citoyen son pouvoir politique. L'un n'allait pas sans l'autre. En France, depuis 2001, l'armée est devenue professionnelle. Les jeunes hommes n'ont plus l'obligation de faire leur service militaire. Cela pose de nombreuses questions qui n'ont pas vraiment été débattues : est-on encore prêt à se battre pour ses idées ? Une démocratie peut-elle se satisfaire de soldats professionnels, instruments entre les mains d'un État qui peut leur ordonner de tuer ou d'être tués ? Les citoyens qui se battent pour défendre leur cité peuvent davantage faire appel à leur raison, alors que pour un soldat professionnel, un ordre ne se discute pas.

C'est quoi un citoyen ?

Être citoyen, c'est être reconnu comme membre d'un corps politique : un État, auquel on participe activement. Le citoyen a des droits – civils et politiques – et des devoirs – respect des lois, paiement des impôts… Au sens juridique, un citoyen est un sujet de droit, puisque ses droits sont stipulés dans les lois du pays. En démocratie, chaque citoyen est détenteur d'une partie de la souveraineté politique : c'est l'ensemble des citoyens qui, par l'élection, choisit les gouvernants.

Que faut-il pour être un citoyen ?

En France, un citoyen est défini comme étant un « homme ou [une] femme âgé de plus de 18 ans, né(e) de parents français ou étrangers naturalisés ». Mais être citoyen, ce n'est pas seulement une définition juridique, c'est aussi et avant tout un état d'esprit. Il faut avoir en tête le bien commun contre l'égoïsme et l'individualisme. Cela implique donc le civisme (le respect de la collectivité et de ses conventions) et la civilité (le respect de l'autre dans les rapports privés). Cela commence par de toutes petites choses, comme ne pas jeter de papiers dans la rue ou ne pas mettre sa musique trop fort, car elle peut gêner les voisins, et se poursuit jusqu'aux choses les plus importantes, comme porter assistance à une personne en danger.

Est-ce que les enfants sont des citoyens ?

Non, puisqu'il faut avoir 18 ans, âge officiel de la majorité en France. On estime qu'avant cet âge il est difficile de voter avec raison et discernement. Cependant, si un enfant n'a pas les mêmes devoirs qu'un citoyen (payer des impôts, devenir juré en cour d'assises si besoin est…), il a des droits bien établis (scolarité obligatoire jusqu'à 16 ans, travail interdit…).

11•13

Est-ce que toutes les personnes vivant en France sont des citoyens ?

Les étrangers, c'est-à-dire les personnes ne possédant pas la nationalité française, n'ont pas les droits politiques qui sont strictement liés à la citoyenneté. Ils n'ont donc ni le droit de voter ni de se faire élire, sauf les étrangers originaires d'un pays membre de l'Union européenne : eux ont le droit de voter ou de se présenter aux élections municipales et européennes.

Pourquoi les citoyens sont-ils souvent représentés en train de faire la guerre ?

La République française s'est imposée dans le sang contre ses ennemis de l'intérieur et ceux de l'extérieur. Au moment de la Révolution, les Français se sont battus contre les monarchies européennes, scandalisées par l'exécution de Louis XVI et de Marie-Antoinette. Plus tard, les Républicains ont dû se battre contre la Prusse, en 1870, et contre l'Allemagne, lors des deux guerres mondiales. Par amour de leur pays, certains citoyens confondent les concepts de patriotisme et de nationalisme. Un citoyen devrait être patriote, pas *nationaliste*. Le *nationaliste* juge sa nation supérieure aux autres, tandis que le patriote la considère comme simplement différente.

5.

Participer à la vie politique

14e Parlement des enfants, 2008
Photographie

5•7

Ce sont des enfants !

Oui, ils ont 10 ans et participent au Parlement des enfants. Celui-ci réunit chaque année, depuis 1994, 577 enfants élus par leurs camarades de classe pour représenter toute la France. Le temps d'une journée, ils s'installent au palais Bourbon, qui abrite habituellement l'Assemblée nationale, et jouent le rôle des députés.

Que font-ils exactement ?

Ces écoliers de CM2 découvrent « en vrai » comment les députés font les lois. Ils arrivent à l'Assemblée nationale avec une proposition de loi de leur choix, rédigée sous la conduite de leurs instituteurs. Un enfant-député expose son projet devant les autres députés en herbe, ils en discutent et votent ensuite pour la proposition qu'ils jugent la meilleure. Ils s'initient ainsi à ce que l'on appelle le « débat démocratique ».

Leurs décisions sont-elles sérieuses ?

Ce 14e Parlement des enfants a adopté une proposition de loi concernant les personnes atteintes de maladie rare et visant à garantir l'accès aux soins, le financement de la recherche médicale et la prise en charge des équipements et des soins. Cette proposition l'a emporté sur une autre proposition de loi qui consistait à interdire la vente de téléphones portables aux enfants de moins de 10 ans.

Existe-t-il d'autres lieux où les enfants font de la politique ?

Il existe des conseils municipaux d'enfants, en France et dans d'autres pays européens. En France, les enfants sont souvent désignés lors d'élections au sein des écoles. Les jeunes élus travaillent à des projets comme l'amélioration de la sécurité près des écoles, la propreté dans la ville… Tous ces projets sont travaillés en petits groupes, à l'image des commissions du « vrai » conseil municipal, sous la direction d'élus municipaux ou d'animateurs spécialisés.

8•10

Que puis-je faire si je ne suis pas d'accord ?

On se rassemble dans un défilé pour protester contre une décision ou une situation. C'est un moyen de faire pression sur le pouvoir politique auquel on présente ses revendications.
En France, depuis 1935, il faut déposer une demande d'autorisation auprès de la préfecture

ou de la mairie, en indiquant le parcours précis et les horaires de la manifestation. Les autorités peuvent interdire une manifestation si elles pensent qu'elle peut troubler l'ordre public. Le nombre de manifestants est essentiel : plus les manifestants sont nombreux, plus ils ont une chance d'être entendus. D'où les querelles de chiffres entre la police et les organisateurs des manifestations.

Tout le monde a le droit de faire grève ?

La grève est un droit reconnu en France depuis 1864 et inscrit dans la Constitution depuis 1946. Elle consiste à cesser le travail avec une partie ou la totalité des salariés de son entreprise. La grève est souvent lancée à l'initiative d'un ou plusieurs syndicats. Les grévistes réclament des améliorations de leurs conditions de travail, une augmentation de salaire… Dans la fonction publique et les services publics, il faut déposer un préavis de grève au moins cinq jours avant sa date. Dans tous les cas, la loi ne prévoit pas que les grévistes soient payés pendant la durée du mouvement.

11•13

Une grève peut-elle influencer la politique d'un gouvernement ?

En France, le plus grand mouvement de grève a eu lieu en *mai 1968*. Lancée par des étudiants, la contestation est ensuite rejointe par les ouvriers qui refusent leur niveau de vie trop faible. Le 13 mai, les syndicats appellent à la manifestation et rassemblent plus d'un million de personnes. Les jours suivants, le mouvement grossit encore : les ouvriers des grandes usines, les cheminots se mettent en grève dans tout le pays. On compte bientôt 6 millions de grévistes. Toute la France est paralysée. Le président de la République de l'époque, le général de Gaulle, dissout l'Assemblée nationale. De nouvelles élections législatives sont organisées. Le parti du président en sort vainqueur. Cependant, l'année suivante, le général de Gaulle organise un référendum pour réformer le Sénat. En fait, il demande indirectement aux Français s'ils veulent toujours de lui comme président. Le « non » l'emporte et le général de Gaulle démissionne, près de trois ans avant la fin de son mandat.

Les pétitions sont-elles aussi un moyen de pression ?

Le droit de pétition permet de faire une demande directe au représentant du pouvoir exécutif. Une pétition se présente le plus souvent sous la forme d'un ensemble de signatures au bas d'un texte. Ces signatures sont recueillies dans la rue par des volontaires ou sur Internet, *via* des sites qui recueillent les signatures en ligne. Une pétition n'a pas de valeur juridique, ce qui signifie qu'aucune loi n'oblige son destinataire à prendre en compte ces revendications, mais elle peut exercer une pression sur les décideurs politiques. On peut aussi arrêter d'acheter une marque pour montrer qu'on n'est pas d'accord avec sa politique. Cela s'appelle le « boycott ». Il consiste effectivement à ne plus acheter les produits ou les services d'une entreprise ou d'un pays avec lequel on n'est pas d'accord. Ce curieux mot s'est formé à partir du nom du capitaine Boycott, un riche propriétaire irlandais du XIXe siècle. Il refusait de baisser ses loyers, alors ses locataires ont tout simplement décidé d'arrêter de les payer. En 1955, aux États-Unis, le célèbre pasteur noir Martin Luther King a appelé les Noirs à boycotter les bus de la ville de Montgomery pour obtenir la fin de la discrimination raciale. Le mouvement a duré plus d'un an. La Cour suprême a donné raison à Martin Luther King en déclarant anticonstitutionnelle la séparation des Noirs et des Blancs dans les bus. Ce boycott a marqué une grande victoire du mouvement des droits civiques aux États-Unis.

6.

L'État

Georges Richards
Allégorie de l'État collectiviste sous la forme d'une pieuvre
Affiche de propagande du xxe siècle
Musée des deux guerres mondiales, Chagny

5•7

C'est une pieuvre !

Oui, la pieuvre est utilisée pour symboliser une personne ou une chose qui fait peur. Ses huit tentacules, comme autant de serpents, s'emparent de huit personnes en même temps et les étouffent en les encerclant. La pieuvre caricature ici l'État monopole, c'est-à-dire l'État qui se mêle de tout et veut tout diriger.

L'État, c'est comme le pays ?

Un pays, c'est un territoire délimité par des frontières. L'État désigne le pouvoir qui administre un pays et ses citoyens. Il réunit donc trois choses : un territoire, une population et un gouvernement.

8•10

Quelle est la différence entre l'État et la nation ?

La nation désigne un ensemble de personnes qui ont une histoire commune. Mais on confond souvent les deux termes. Si, en France, « État » et « nation » désignent aujourd'hui la même chose, cela n'a pas toujours été le cas. La France a d'abord été une nation avant de devenir un État. Elle est aujourd'hui un État-nation puisque l'État (en tant qu'organisation politique) s'y superpose à la nation (son peuple se considère comme appartenant au même groupe). Ce n'est pas vrai partout. Il existe des cas où l'État et la nation ne se confondent pas. Par exemple, le Vatican, qui est installé à Rome, forme un État (celui du Pape) mais ce n'est pas une nation. L'Italie, elle, est une nation.

Depuis quand l'État existe-t-il ?

L'État moderne, ou plutôt l'État-nation, apparaît en Europe au XVIe siècle. Sa création est progressive et marque une rupture avec l'État féodal du Moyen Âge, où le pouvoir est morcelé entre plusieurs seigneurs. Ceux-ci ont bien l'impression d'appartenir à une même nation – le royaume de France –, mais ils restent maîtres sur leurs territoires. L'État féodal n'est donc pas un État. Progressivement, les rois agrandissent leurs territoires aux dépens des seigneurs (souvent lors de guerres, comme celle de Cent Ans) jusqu'à gouverner entièrement le royaume et imposer à tous un pouvoir centralisé. Pour justifier cette nouvelle forme d'organisation, des théories politiques apparaissent, comme l'absolutisme.

L'État a-t-il évolué depuis le XVIe siècle ?

L'État n'a jamais cessé d'évoluer. La première grande évolution est intervenue au XVIIe siècle, avec les philosophes des Lumières, les révolutions en Angleterre, en France et aux États-Unis, et la mise en application du grand principe de la séparation des pouvoirs (législatif, exécutif, judiciaire). La seconde évolution marque le passage de l'État gendarme (qui s'occupe uniquement de ses fonctions traditionnelles régaliennes – de *regalis*, qui signifie « royal » en latin : assurer la sécurité et l'ordre, définir le droit et rendre la justice, émettre la monnaie) à celui d'État providence (qui assure la protection sociale de ses citoyens). Il existe deux grands modèles de l'intervention de l'État dans le domaine social : l'État providence, fondé en Allemagne à la fin du XIXe siècle, et le Welfare State, qui apparaît au Royaume-Uni après la Seconde Guerre mondiale. Le premier modèle est un système d'assurance sociale obligatoire : tous les salariés sont taxés, en échange de quoi des prestations sont versées en cas de maladie, d'accident du travail, de chômage… C'est le modèle adopté par la France, l'Allemagne, l'Autriche, et l'Italie. Dans le second modèle, les individus sont moins taxés, mais la protection aux plus faibles est très limitée. C'est le modèle qu'ont choisi les États-Unis, le Canada, et, dans une certaine mesure, le Royaume-Uni.

11•13

C'est quoi, l'État monopole ?

C'est un État qui se donne le pouvoir d'être le seul à vendre un produit ou un service dans un pays. Cette caricature de la pieuvre représente l'État français, qui possédait à l'époque l'exclusivité du commerce du tabac, des chemins de fer, des PTT (la Poste aujourd'hui), des alcools…

Pourquoi ça fait peur si l'État dirige tout ?

Lorsque l'État a le monopole dans un domaine, cela signifie que les individus ne sont pas libres de créer des entreprises concurrentes. L'État impose donc ses prix. Cela peut être bénéfique, comme lorsque l'État se donne le monopole d'activités de services et crée des services publics, identiques pour tous. Jusqu'ici, l'État avait par exemple le monopole de la Poste ; cela permettait à tous les Français de recevoir leur courrier, même

s'ils habitaient dans des endroits isolés.
Avec l'ouverture à la concurrence, les bureaux de poste situés dans les zones peu habitées ferment, car ils ne sont plus rentables économiquement. Le service public du courrier n'est plus assuré. Le monopole devient très contraignant lorsque l'État veut être le seul à diriger dans tous les domaines de l'économie. Sous le prétexte d'assurer à tous le même service, l'État devient alors dictatorial.

L'État doit intervenir pour que tous les citoyens soient égaux.

Égal ne veut pas dire identique. Tout le monde s'accorde à dire que tous les hommes sont égaux devant la loi. La Déclaration des droits de l'homme et du citoyen (1789) le clame haut et fort.
Cela signifie seulement que tous les citoyens sont soumis à la même loi et seront condamnés de la même façon s'ils l'enfreignent. C'est ce qu'on appelle l'État de droit. De même, tous les individus doivent pouvoir occuper, dans la société, les places qui se gagnent au mérite et dont on n'hérite pas.

Les États sont-ils toujours aussi puissants ?

Depuis les années 1980, les États perdent une part croissante de leur pouvoir. Il y a deux raisons essentielles à cela : la *mondialisation* et la construction de l'Union européenne.
Avec la *mondialisation* (c'est-à-dire l'ouverture de toutes les économies nationales), les États deviennent très dépendants les uns des autres et perdent une partie de leur pouvoir de décision dans le domaine économique. La crise bancaire de 2008 a révélé l'ampleur de ce désengagement de l'État face aux financiers et a freiné provisoirement cette tendance, l'État faisant figure de dernier recours au milieu de la débâcle. Avec la construction européenne, les États perdent aussi une partie de leur souveraineté puisqu'ils doivent mettre en pratique les directives européennes qui s'imposent dans un nombre croissant de secteurs d'activité.

7.

Le président de la République

Portrait officiel de Charles de Gaulle, 1958
Photographie

5•7

Qui est-ce ?

C'est le général de Gaulle, le premier président de la Ve République et aussi son instigateur. Il a été élu deux fois de suite : en 1958 et en 1965. Il pose ici pour son portrait officiel, qui a été accroché dans toutes les mairies, pendant sa présidence. C'est une tradition républicaine. Rien n'oblige les maires à le faire, mais tous s'y soumettent généralement, car c'est la fonction de président de la République qui est ainsi honorée, et non la personne.

Pourquoi porte-t-il des médailles ?

Elles rappellent le passé glorieux du général de Gaulle. Pendant la Seconde Guerre mondiale, il a refusé de se soumettre aux Allemands. Il est alors devenu le chef de la France libre (la Résistance) et a participé à la libération du pays. Sur cette photo, il porte autour du cou le grand collier de l'Ordre de la Libération. Le général de Gaulle a relégué, à sa taille, la Légion d'honneur, que reçoivent tous les chefs d'État français. Elle reste cependant la plus haute décoration en France. Instituée en 1802 par Napoléon, elle récompense depuis ses origines les mérites militaires ou civils rendus à la nation.

Quels sont les livres sur lesquels il s'appuie ?

C'est le texte de la Constitution et *L'Histoire de l'armée française*. Le général de Gaulle fait ainsi passer deux messages : il est le père et le garant de la Constitution et rappelle son glorieux passé militaire.

Où habite le président de la République ?

Depuis 1848, la résidence officielle du président de la République est le palais de l'Élysée, situé dans le 8e arrondissement de Paris. L'État met aussi à sa disposition l'hôtel Marigny (situé à côté du palais de l'Élysée) pour accueillir les personnalités étrangères, ainsi que deux résidences d'été : le château de Rambouillet et le fort de Brégançon (Var).

8•10

Le président, c'est le roi d'aujourd'hui.

Dans une monarchie absolue, le roi est le souverain, il détient le pouvoir au nom de Dieu. Dans une démocratie comme la France, le peuple est souverain, car il choisit le président de la République. On parle de la souveraineté du peuple. C'est l'article 3 de la Constitution (1958) qui le proclame : « La souveraineté nationale appartient au peuple qui l'exerce par ses représentants et par la voie du référendum. »

Faut-il passer un diplôme pour devenir président ?

Non, il n'existe pas de diplôme ou d'école. Pour être président, il faut d'abord le vouloir. Le Conseil constitutionnel vérifie le consentement du candidat. Il faut être âgé de 23 ans au moins, être de nationalité française et jouir de tous ses droits civils et politiques (et donc ne pas avoir été condamné par la justice). Ensuite, il faut recueillir au moins 500 signatures de citoyens élus (parlementaires, élus des conseils généraux, maires…). Les signatures de ces parrains doivent provenir d'au moins 30 départements et territoires d'outre-mer différents.

Comment est élu le président de la République ?

Le président est élu au scrutin uninominal majoritaire à deux tours. « Uninominal » signifie que le bulletin de vote comporte un seul nom. Si l'un des candidats obtient la majorité absolue (c'est-à-dire la moitié des suffrages exprimés plus un), il est élu dès le premier tour. S'il n'y a pas d'élu au premier tour, seuls les deux candidats arrivés en tête peuvent se présenter au second tour. Celui qui obtient une voix de plus que son adversaire est élu président.

Peut-on être président plusieurs fois en France ?

Oui, la Constitution ne fixe pas de limite. Depuis 2000, la durée du mandat présidentiel est de cinq ans, d'où son nom de « quinquennat ». Cette durée s'est appliquée pour la première fois au président élu en mai 2002, Jacques Chirac. Auparavant, le président était élu pour sept ans (septennat), mais ce décalage entre les élections présidentielles et les législatives (qui ont lieu tous les cinq ans) a entraîné un curieux phénomène : la cohabitation. Dans cette situation, le président et le Premier ministre sont issus de majorités politiques différentes. Le pouvoir exécutif se trouve ainsi divisé. En rapprochant les deux élections, on espère que les citoyens votent pour le même camp, ce qui facilite le travail du gouvernement.

11•13

Quels sont les pouvoirs du président ?

Ses pouvoirs sont nombreux. C'est l'article 5 de la Constitution qui précise ses attributions : « Le président de la République veille au respect de la Constitution. Il assure, par son arbitrage, le fonctionnement régulier des pouvoirs publics ainsi que la continuité de l'État. Il est le garant de l'indépendance nationale, de l'intégrité du territoire et du respect des traités. » L'article 15 fait aussi de lui le chef des armées. En pratique, il préside le Conseil des ministres chaque semaine, il représente la France dans les grandes réunions internationales, il décide de l'emploi des forces nucléaires, il préside le Conseil supérieur de la magistrature, il peut demander au Parlement de délibérer à nouveau au sujet d'une loi, si, par exemple, celle-ci a été rejetée alors que le président souhaitait sa mise en application.

Peut-il devenir un tyran ?

La séparation des pouvoirs est faite pour empêcher le président d'être trop puissant. Cependant, un article de la Constitution donne au président des pouvoirs exceptionnels dans le cas d'une crise majeure (guerre, catastrophe naturelle). Le général de Gaulle a utilisé cet article 16 et s'est fait attribuer les pleins pouvoirs du 23 avril au 30 septembre 1961, lors du « putsch des généraux » en Algérie, une tentative de renversement de la République par quatre généraux, rebelles à la politique du général en Algérie. De Gaulle a été très critiqué pour son recours à l'article 16. Certains y voyaient le moyen d'instaurer légalement une dictature. L'article a donc été réformé en 2008.

Que se passe-t-il si le président meurt ?

Si le président de la République démissionne ou décède au cours de son mandat, l'intérim est assuré par le président du Sénat, le temps d'organiser de nouvelles élections. C'est arrivé deux fois : en 1969, avec la démission du général de Gaulle, et en 1974, avec le décès de Georges Pompidou. Dans les deux cas, l'intérim a été assuré par Alain Poher, le président du Sénat de l'époque.

Combien gagne le président de la République ?

Au moment où ce livre paraît, le président Sarkozy a un salaire de 22 249 euros brut par mois. Cela équivaut à environ 20 fois le salaire minimal en France. S'y ajoutent tous les avantages liés à la fonction (logement de fonction, résidences secondaires, voiture avec chauffeur, parc automobile mis à sa disposition…).

8.

Le gouvernement

Conseil des ministres
du nouveau gouvernement
de François Fillon, 2007
Photographie

5•7

Que font tous ces hommes ?

Cette photographie de 2007 montre un Conseil des ministres de François Fillon (le Premier ministre français, à cette époque). Le Conseil des ministres est la réunion des ministres qui a lieu sous la direction du président de la République. On reconnaît Nicolas Sarkozy, tête baissée, dos à la grande porte. Il n'y a pas que des hommes, même s'ils sont très majoritaires : on remarque Christine Boutin (avec une veste verte), qui était alors ministre du Logement, et Christine Lagarde (assise en face du Président), ministre de l'Économie, des Finances et de l'Emploi.

C'est quoi, un ministre ?

À l'origine, le mot latin *minister* signifiait « serviteur ». Les ministres font partie des premiers serviteurs de l'État. Avec le Premier ministre, ils forment le gouvernement. Ils dirigent chacun un ministère, un domaine bien particulier, comme la justice (on dit « ministre de la Justice » ou « garde des Sceaux »), la finance, l'écologie…

Où sont-ils ?

Le Conseil des ministres a lieu à l'Élysée, le palais du président de la République, dans le 8e arrondissement de Paris. Le Premier ministre, lui, habite à l'hôtel Matignon, situé dans le 7e arrondissement. Cet hôtel particulier a été construit au XVIIIe siècle et a appartenu aux seigneurs de Matignon, avant de changer de mains de nombreuses fois et de devenir la résidence officielle des Premiers ministres, après la Seconde Guerre mondiale. Les ministres travaillent dans des bureaux dispersés un peu partout dans le centre de Paris. Par exemple, le ministère de l'Économie, des Finances et de l'Industrie est installé dans le quartier de Bercy et le ministère de la Justice a ses bureaux place Vendôme.

8•10

À quoi sert le gouvernement ?

Il détient un rôle très important puisqu'il assure l'un des trois pouvoirs de l'État : le pouvoir exécutif, celui de faire appliquer les lois existantes et de proposer de nouvelles lois (les projets de loi) en accord avec le programme de la majorité politique élue. À partir de 2007, par exemple, le gouvernement de François Fillon a travaillé à mettre en application les promesses sur

9.

L'Assemblée nationale

Session d'ouverture
de la 12e législature et élection
du nouveau président
de l'Assemblée nationale
française, 2002
Photographie

5•7

Qui sont ces gens ?

Ce sont les députés, les membres de l'Assemblée nationale, l'une des deux assemblées (avec le Sénat) qui fait la loi en France. Elle a été créée le 17 juin 1789. Elle a ensuite connu des formes et des noms différents avant de reprendre son nom d'origine en 1946.

Pourquoi y a-t-il des personnes aux étages ?

Au premier étage, ce sont les tribunes du public. Tous les Français peuvent assister à une séance de l'Assemblée nationale. Il suffit pour cela de se munir d'une carte d'invitation auprès d'un député. Au deuxième étage se trouvent les tribunes de la presse. Lors des débats importants, elles peuvent accueillir près de 200 journalistes de la presse nationale, régionale et étrangère.

Où se trouve cette salle ?

Au palais Bourbon, dans le 7e arrondissement de Paris. Il s'appelle ainsi, car il a été construit en 1728 pour une des filles du roi Louis XIV, Louise Françoise de Bourbon. Il a été confisqué lors de la Révolution française et est devenu le siège de toutes les assemblées nationales depuis 1795.

8•10

Combien sont les députés ?

En France, il y a 577 députés : le pays est découpé en 577 petits territoires, qu'on appelle « circonscriptions » et chacune élit son député. La taille des circonscriptions tient compte du nombre d'habitants.

S'assoient-ils toujours à la même place ?

Oui. Les 577 députés sont répartis dans l'hémicycle en fonction de leur appartenance politique, de la gauche du président à sa droite. C'est une tradition depuis la Révolution française : à l'Assemblée nationale constituante de 1789, les partisans du roi s'étaient assis à sa droite (où se trouvaient les anciennes places des privilégiés), les autres à sa gauche (les anciennes places du tiers état). C'est de là que viennent les expressions : la gauche et la droite.

Comment sont choisis les députés ?

Ils sont élus au suffrage universel direct, c'est-à-dire par tous les citoyens français. Ces élections s'appellent les « élections législatives » (de *lex*, qui signifie « la loi » en latin). Pour être élu, un député doit recueillir la majorité absolue des voix (plus de la moitié des voix) au premier tour, ou la majorité relative (le plus grand nombre de voix) au second tour. Les candidats doivent avoir 23 ans au minimum.

Combien de temps reste-t-on député ?

Un député est élu pour cinq ans. La durée du mandat peut être réduite lorsque l'Assemblée est dissoute par le président, comme ce fut le cas à cinq reprises depuis le début de la Ve République. Souvent, le président a recours à cette solution lorsqu'il se retrouve élu face à une majorité parlementaire hostile à sa politique. De nouvelles élections législatives sont alors organisées et le président de la République espère que cette fois les députés élus lui apporteront le soutien nécessaire afin d'exercer sa politique.

Qui est l'homme en haut, assis tout seul ?

C'est le président de l'Assemblée nationale. On surnomme son siège le « perchoir » à cause de la position surélevée de laquelle il domine l'hémicycle. Ce fauteuil a été dessiné par le peintre français David (1748-1825). Il a été occupé la première fois par Lucien Bonaparte (un des frères du futur empereur) au Conseil des Cinq-Cents, l'une des deux assemblées législatives instituées par la Constitution de 1795.

Comment est choisi le président de l'Assemblée nationale ?

Les députés l'élisent au début de chaque législature. Il joue un rôle très important : après le président de la République, le Premier ministre et le président du Sénat, il est le plus haut personnage de l'État. Il représente l'Assemblée nationale et dirige ses débats. Le président de la République doit le consulter lorsqu'il veut dissoudre l'Assemblée ou mettre l'article 16 en application (celui qui donne les pleins pouvoirs au Président en cas de crise). Il dispose aussi d'un important pouvoir de nomination.

Les députés travaillent-ils tous les jours à l'Assemblée nationale ?

En général, les députés siègent du mardi matin au jeudi soir pendant les neuf mois que dure la session ordinaire (d'octobre à juin). Ils exercent alors leurs missions nationales : discuter, voter et même proposer de nouvelles lois, interpeller les ministres sur une question précise…

Du vendredi au lundi, les députés rentrent dans leur circonscription. Il est très important qu'ils gardent un contact étroit avec la réalité, puisqu'ils votent les lois auxquelles sont soumis tous les Français. Ils tiennent pour cela une permanence où les citoyens peuvent venir exposer leurs problèmes. Les maires et les conseillers généraux leur font part de leurs difficultés ou suggestions.

11•13

Quel est le rôle de l'Assemblée nationale ?

Les pouvoirs de l'Assemblée sont de deux ordres : le vote de la loi et le contrôle du gouvernement. Elle discute et vote les textes de loi qui lui sont présentés par le gouvernement, les sénateurs ou par les députés eux-mêmes. L'Assemblée peut censurer le gouvernement dans certaines circonstances. Si le gouvernement engage sa responsabilité sur un texte de loi ou sa déclaration de politique générale, 10 % des députés peuvent alors déposer un texte – une motion de censure –, pour renverser le gouvernement. Si la motion est votée par la majorité des députés, elle est adoptée et le gouvernement doit présenter sa démission au président de la République. Cela s'est produit en 1962, à propos de la loi instituant l'élection du président de la République au suffrage universel.

Est-ce que l'Assemblée nationale, c'est la même chose que le Parlement ?

L'Assemblée est l'une des deux chambres du Parlement, l'autre étant le Sénat. Elles se réunissent dans des locaux distincts, mais elles peuvent exceptionnellement siéger ensemble – elles constituent alors le Congrès du Parlement. La Constitution de 1958 prévoit trois cas de réunion du Congrès : la révision de la Constitution, la déclaration du président de la République et l'adhésion d'un État à l'Union européenne. Le Congrès se réunit alors au château de Versailles. Il est présidé par le président de l'Assemblée nationale.

Combien gagne un député ?

Depuis 2009, le salaire brut mensuel d'un député est de 7 064 euros. À leur indemnité de base s'ajoute une indemnité de résidence. Ils disposent aussi de nombreux avantages (comme une carte SNCF gratuite).

10.

Le Sénat

L'élection du président du Sénat, 2008
Photographie

5•7

Quelle est cette salle ?

C'est le Sénat, et les gens assis sont les sénateurs. Depuis 2008, ils sont 343 et, à partir de 2011, ils seront 348. Le nom « sénat » vient du mot latin *senex*, qui signifie « conseil des anciens ». Le Sénat existe en France depuis la Révolution. Avec l'Assemblée nationale, il forme le Parlement. Son rôle est de discuter et de voter les lois françaises.

Qui sont les gens assis aux étages ?

Ce sont les journalistes et les visiteurs. Tous les Français peuvent assister aux séances du Sénat dans la limite des places disponibles. Il suffit de se présenter avec une carte d'identité.

Où se trouve cette grande salle ?

À Paris, dans le palais du Luxembourg. Il a été construit à la demande de la reine Marie de Médicis (la mère de Louis XIII) en 1625. Pendant plus de cent soixante ans, il a accueilli la famille royale. Au moment de la Révolution, le palais a été transformé en prison. Mais, dès 1804, Napoléon Bonaparte a décidé d'y accueillir les premiers sénateurs.

C'est quoi, ces gros vases verts ?

Ce sont des urnes, dans lesquelles les sénateurs déposent leurs bulletins de vote lors de certaines élections. Sur cette photographie, les sénateurs sont réunis pour élire leur président. Cette élection se déroule par bulletin secret à la tribune : à l'appel de son nom, chaque sénateur dépose dans l'urne (celle où est inscrit le mot « Président »), placée sur la tribune, un bulletin portant le nom de son candidat. Le président du Sénat est élu pour trois ans et peut être réélu plusieurs fois de suite.
Au premier et au deuxième tour, il doit obtenir plus de la moitié des voix. Au troisième tour, le candidat qui a le plus de voix l'emporte. En cas d'égalité, c'est le plus âgé qui devient le président.

8•10

Quel est le rôle du président du Sénat ?

C'est un personnage très important : il dirige les débats du Sénat et le représente dans tous ses déplacements. Il se rend souvent en province (le Sénat représente les collectivités territoriales) et à l'étranger (avec l'Assemblée nationale, le Sénat est le représentant des Français établis hors de France). Il partage aussi un important pouvoir de nomination avec les présidents de la République et de l'Assemblée nationale. Il est le troisième personnage de la République, après le président et le Premier ministre. Certains prétendent même qu'il est le deuxième et non le troisième, car c'est lui qui remplace le président de la République si celui-ci meurt ou démissionne au cours de son mandat. On dit que le président du Sénat assure l'« intérim » : il garantit alors le bon fonctionnement et la continuité de l'État jusqu'à la tenue de nouvelles élections.

Comment sont élus les sénateurs ?

Depuis 2008, les sénateurs sont élus pour six ans (et non plus neuf ans) au suffrage universel indirect, ce qui signifie qu'ils ne sont pas élus directement par l'ensemble des Français, mais par quelque 150 000 « grands électeurs », eux-mêmes élus (députés, conseillers régionaux et généraux, délégués des conseils municipaux…). Tous les sénateurs ne sont pas élus en même temps. La moitié du Sénat est renouvelée tous les trois ans. Pour être candidat, il faut avoir au moins 30 ans. Un sénateur ne peut pas être renvoyé.

11•13

Pourquoi y a-t-il deux assemblées pour exercer le pouvoir législatif ?

À l'origine, le système avec deux assemblées, qu'on nomme aussi le « bicamérisme » (du latin *camera*, qui veut dire « chambre »), devait permettre d'éviter qu'une assemblée unique ne devienne toute puissante. Les révolutionnaires qui ont créé notre système étaient partagés : d'un côté, en tant que démocrates, ils voulaient qu'il y ait une chambre qui soit élue directement par tous les citoyens (l'Assemblée nationale). De l'autre, ils craignaient que les députés ne soient trop influencés par leurs électeurs et suivent sans réfléchir leurs passions. Ils ont donc créé une seconde chambre, le Sénat, pour tempérer le pouvoir de l'Assemblée nationale. Les sénateurs, élus indirectement, sont, de fait, souvent plus conservateurs. À la différence de l'Assemblée nationale, le Sénat est une assemblée permanente puisque le chef de l'État ne peut pas la dissoudre (en revanche, le Sénat ne peut pas faire tomber le gouvernement). C'est cette permanence qui justifie que la Constitution de la Ve République confie au président du Sénat l'exercice provisoire des fonctions du président de la République, si celui-ci est empêché, s'il démissionne ou décède. Ce mode de fonctionnement permet d'assurer la continuité de l'État.

Qui étudie en premier un texte de loi ?

Tout dépend s'il s'agit d'une proposition de loi (faite par l'Assemblée nationale ou le Sénat) ou d'un projet de loi (proposé par le gouvernement). Les propositions de loi sont naturellement discutées en premier lieu par l'assemblée à laquelle appartient son (ou ses) auteur(s).

Comment se passe concrètement le vote d'une loi ?

Le président du Sénat appelle le ministre à la tribune pour qu'il présente son projet de loi. Le sénateur qui a étudié le projet (le rapporteur) et a préparé éventuellement une liste de modifications (les amendements) monte à la tribune pour lui répondre. Le débat s'installe. Les sénateurs étudient les amendements proposés pour modifier le texte initial. Pour qu'un texte soit voté, il faut que la majorité des sénateurs soit d'accord. Une fois qu'un texte est voté, il est transmis aux députés, qui vont l'examiner à leur tour. Si les sénateurs et les députés ne sont pas d'accord, le projet de loi fait alors des allers et retours (la navette) entre le Sénat et l'Assemblée nationale. Pour les mettre d'accord, le Premier ministre peut réunir une commission mixte paritaire (avec des députés et des sénateurs) pour finaliser le texte. Si cette solution échoue, ce sont les députés qui ont le dernier mot. Chaque année, une centaine de lois sont votées.

Combien gagne un sénateur ?

Au 1er juin 2010, le montant brut mensuel de l'indemnité d'un sénateur s'élève à 7 064 euros. Les sénateurs bénéficient aussi de facilités, comme, par exemple, une carte de circulation SNCF ou des billets d'avion pour regagner leur département.

11.

Les élections

Panneaux électoraux, 2004
Photographie

5•7

Qu'est-ce que c'est ?

Ce sont des affiches électorales. Avant chaque élection, elles sont installées partout en France, par les mairies de chaque ville, sur des panneaux d'affichage. Elles présentent en gros plan le visage des candidats, ainsi que leur nom, pour que les citoyens puissent les reconnaître immédiatement.

Pourquoi y a-t-il des petits numéros au-dessus des affiches ?

C'est pour une question d'égalité entre les candidats. Tout comme ils disposent de panneaux de même dimension, les candidats ne choisissent pas l'ordre dans lequel ils sont présentés sur les panneaux d'affichage. Les emplacements sont tirés au sort et numérotés pour être partout les mêmes.

Combien de temps sont présentées les affiches électorales ?

La campagne électorale est très codifiée. Chaque élection a ses règles, mais toutes les campagnes sont courtes. Ainsi, pour les élections législatives, la campagne officielle est ouverte le vingtième jour précédant le scrutin. Pour l'élection présidentielle, elle s'ouvre le deuxième lundi précédant le premier tour.

8•10

C'est quoi, une campagne électorale ?

C'est la période qui précède une élection, durant laquelle les candidats font campagne, c'est-à-dire se font voir et entendre par le plus de gens possible. Ils assurent ainsi leur promotion afin de récolter le plus grand nombre de voix lors de l'élection. Les candidats doivent être traités de façon égale pour avoir la même chance d'être élus. Par exemple, ils possèdent le même temps de parole dans les médias. En échange, les partis reçoivent de l'argent de l'État pour financer leur campagne.

Quelles sont les différentes élections ?

On distingue les élections nationales et les élections locales. Les élections nationales sont :
– L'élection présidentielle, au cours de laquelle est élu le président de la République. Elle a lieu tous les cinq ans au suffrage universel direct.
– Les élections législatives, qui permettent d'élire les députés à l'Assemblée nationale. Elles ont lieu tous les cinq ans au suffrage universel direct.
– Les élections sénatoriales, pour élire les sénateurs. Ils sont élus pour un mandat de six ans au suffrage universel indirect, c'est-à-dire par des élus (les députés, les conseillers régionaux,

12.

Le vote

Enfant accompagnant
son père dans un isoloir,
premier tour de l'élection
présidentielle, 2007
Photographie

5•7

Pourquoi se cache-t-on dans une cabine pour voter ?

Cette cabine fermée par un rideau, on l'appelle un « isoloir ». Il assure la discrétion à la personne qui vote qui doit pouvoir garder son choix secret si elle le souhaite. En France, le vote secret est la règle depuis 1795, mais ce n'est qu'en 1913 que l'isoloir a été adopté. Avant cela, l'électeur remettait simplement son bulletin plié au président du bureau de vote, qui l'introduisait dans l'urne.

Pourquoi vote-t-on dans les écoles ou à la piscine ?

Les bureaux de vote sont installés avant tout dans les mairies. Dans les grandes villes, on a besoin de nombreux bureaux de vote pour que les gens n'attendent pas. On compte au moins un isoloir pour 300 électeurs inscrits et un bureau de vote pour 1 000 électeurs. On installe donc souvent des bureaux de vote supplémentaires dans les écoles et parfois aussi dans les locaux qui dépendent des mairies, comme les piscines municipales.

Comment cela se passe quand tout le monde a voté ?

Une fois les bureaux de vote fermés (à 18 heures ou 20 heures, suivant la taille des villes), le président du bureau annonce la clôture du scrutin. Chaque bureau compte au moins un président, un secrétaire, deux scrutateurs (les personnes qui assurent le dépouillement des bulletins de vote) et des représentants des candidats. Sous leur contrôle, les urnes sont ouvertes. Les bulletins sont comptés, réunis dans des enveloppes en paquets de cent. Les enveloppes sont ensuite ouvertes une par une par un scrutateur qui énonce à voix haute le nom du candidat inscrit sur le bulletin puis le passe au second scrutateur, qui l'imite. La secrétaire inscrit le résultat sur une feuille de pointage. Ensuite, on établit le procès-verbal récapitulant tous ces chiffres. Le président du bureau énonce publiquement le résultat du scrutin et l'affiche dans la salle de vote.

Qui peut voter ou être élu en France ?

Pour être électeur, il faut être de nationalité française, âgé de plus de 18 ans, jouir de ses droits civils et politiques, et être inscrit sur la liste électorale de sa ville. Les étrangers, originaires d'un État membre de l'Union européenne, peuvent voter aux élections municipales et européennes. Pour être élu, il faut être soi-même électeur. La condition d'âge diffère selon l'élection :
– 18 ans pour les élections municipales, cantonales et régionales;
– 23 ans pour l'élection présidentielle et les élections législatives;
– 30 ans pour les élections sénatoriales.

Depuis quand vote-t-on ?

Depuis 1791, les Français votent, mais il s'agit encore d'un vote restreint. Le suffrage est dit « censitaire » : seuls les hommes de plus de 25 ans payant un impôt direct (un cens), égal à la valeur de trois journées de travail, ont le droit de voter. Ils sont appelés « citoyens actifs ». Les autres, les « citoyens passifs », ne peuvent pas participer aux élections. Le suffrage est aussi indirect, car les citoyens actifs élisent leurs représentants – disposant de revenus plus élevés –, qui à leur tour élisent les députés à l'Assemblée nationale législative. Le système évolue peu jusqu'en 1848, lors de la IIe République. Le suffrage universel masculin est alors adopté et ne sera plus remis en cause. Sont alors électeurs tous les hommes âgés de 21 ans et jouissant de leurs droits civils et politiques. Le droit d'être élu est accordé à tout électeur de plus de 25 ans. Les femmes, elles, devront attendre 1944 pour pouvoir voter. Elles votent pour la première fois aux élections municipales de 1945. En 1974, le droit de vote est passé de 21 ans à 18 ans.

Qu'appelle-t-on « vote blanc » et « vote nul » ?

Le vote blanc consiste à déposer dans l'urne un bulletin sans aucune mention de candidat. Le vote nul est un vote qui ne respecte pas les règles. Un vote avec deux bulletins est considéré comme nul et non blanc. Il est important de faire la différence, car certaines personnes votent blanc pour contester la politique en cours. Chaque bureau de vote les comptabilise, mais au final les votes blancs sont rangés avec l'abstention, car ils posent un problème. En France, par exemple, lors des élections législatives, prendre en compte le vote blanc reviendrait à laisser des places vides à l'Assemblée nationale.

11•13

C'est quoi, le « vote utile » ?

« Voter utile », c'est voter pour le candidat qui a des chances de remporter l'élection. Il est utilisé pour lutter contre l'éparpillement des voix entre les nombreux candidats mais présente un gros inconvénient : celui de pousser les électeurs à voter pour les deux partis qui dominent la politique française au détriment des « petits candidats ».

C'est quoi, l'abstention ?

C'est le fait, pour un citoyen, de ne pas participer à une élection. En France, environ 3 millions de Français ne sont pas inscrits sur les listes électorales (sur 41 millions). La majorité d'entre eux (2 millions) ont oublié de se réinscrire à la suite d'un déménagement. S'ajoutent à eux de nombreux jeunes de plus de 18 ans. Selon l'Insee, 22 % des 18-19 ans seraient non inscrits, alors que les 60-69 ans ne sont que 5 % à ne pas être inscrits.

Pourquoi on n'oblige pas les gens à voter ?

En France, voter est un droit et non une obligation juridique, contrairement à d'autres pays comme la Belgique, la Suisse ou la Grèce, où l'on risque une amende. En France, la question a souvent été débattue. Mais forcer les citoyens à voter pose plusieurs problèmes, dont le plus grave est de fausser un scrutin. En effet, quelqu'un qui ne veut pas voter pourra être tenté de choisir un vote de contestation (vote blanc ou extrémiste). En revanche, le droit de vote est un devoir moral pour les citoyens.

13.

L'organisation politique entre États

Soldat de l'ONU à Haïti,
après le séisme, 2010
Photographie

5•7

Que fait ce soldat ?

C'est un soldat de l'ONU, l'Organisation des Nations unies. Il a été envoyé à Haïti suite à un violent tremblement de terre qui a dévasté l'île en janvier 2010. Les enfants que l'on voit derrière lui sont des réfugiés. Ils attendent l'arrivée de la nourriture envoyée par les États-Unis. Le soldat doit veiller à ce que la distribution se passe bien et empêcher les pillages.

Pourquoi porte-t-il un casque bleu ?

Tous les soldats de l'ONU portent ce casque, car le bleu est symbole de paix. On les surnomme d'ailleurs les « casques bleus ». Leur nom officiel est « Force de maintien de la paix de l'Organisation des Nations unies ». Ils sont envoyés après des catastrophes naturelles (comme sur cette photo) ou dans les zones de guerre pour protéger la population civile et parfois s'interposer entre les camps ennemis.

C'est la police des pays ?

En quelque sorte, mais les casques bleus ne sont pas vraiment l'armée des Nations unies. Ils sont « prêtés » par les pays membres de l'ONU. Ainsi, sur cette image, il s'agit d'un casque bleu népalais.

8•10

C'est quoi, l'Organisation des Nations unies ?

C'est une organisation entre les États pour empêcher la guerre et maintenir la paix. Elle a été créée à la fin de la Seconde Guerre mondiale dans l'espoir d'empêcher une nouvelle guerre. Cinquante et un États ont donc signé une charte créant l'ONU. Aujourd'hui, quasiment tous les États sont membres et siègent à l'Assemblée générale. Mais, en cas de crise, seul le Conseil de sécurité est convoqué. Il comprend 15 membres dont cinq permanents (États-Unis, Russie, Royaume-Uni, France, Chine) qui disposent chacun d'un droit de veto (blocage d'une décision).

Est-ce que l'ONU fonctionne bien ?

L'ONU et, surtout, le Conseil de sécurité suscitent de nombreuses critiques. D'abord parce que ses cinq membres permanents (ceux qui détiennent en fait le pouvoir) ne représentent que 30 % de la population mondiale. Beaucoup d'États réclament donc de devenir membres permanents, comme l'Allemagne, l'Italie, l'Afrique du Sud, le Brésil, l'Égypte, l'Inde, le Japon. À cela s'ajoutent les difficultés de fonctionnement dues au droit de veto des « cinq ».

Les décisions sont souvent bloquées, car le veto d'un membre suffit pour tout arrêter. Et lorsqu'elles sont votées, ces décisions, qui deviennent alors des résolutions, ne sont pas toujours appliquées. L'ONU a ainsi voté une centaine de résolutions sur le retrait de colonies israéliennes en Palestine qui sont restées sans suite.

Quelle est la différence entre l'ONU et l'OTAN ?

L'ONU est une organisation entre tous les États pour assurer la paix dans le monde. L'OTAN, ou Organisation du traité de l'Atlantique nord, est une alliance militaire entre les États-Unis, le Canada et l'Europe de l'Ouest. Elle a été créée en 1949, au début de la *guerre froide*. Elle devait empêcher l'invasion de l'Europe de l'Ouest par l'Union soviétique et ses alliés. L'OTAN n'a pas disparu après la chute de l'URSS en 1991. Elle continue de mener des actions de maintien de la paix dans le monde, parfois à la demande de l'ONU. L'Union européenne, qui n'a pas d'armée commune, lui fait toujours confiance pour assurer sa sécurité.

11•13

Y a-t-il toujours eu des alliances entre les pays ?

Les États ont toujours entretenu des relations, d'abord pour assurer leur sécurité (alliances de paix) et ensuite pour prospérer (accords commerciaux). Au départ, les relations se faisaient entre voisins proches. Puis, avec la révolution industrielle au XIXe siècle, les déplacements sont devenus de plus en plus faciles et les organisations ont pris une dimension internationale. Les premières avaient ainsi pour but de faciliter les déplacements ou les communications. Après la Première Guerre mondiale avait déjà été créée une organisation censée éviter les guerres, la Société des Nations. N'ayant pas réussi à empêcher la Seconde Guerre mondiale, elle a été remplacée par l'ONU.

Les États s'entendent-ils seulement pour la paix ou le commerce ?

Non, il existe aujourd'hui plus de 300 organisations internationales et toutes n'ont pas pour objets directs la paix et le commerce. Elles aboutissent indirectement à la paix (puisqu'elles développent les relations entre les États) et au commerce (puisqu'il y a toujours des échanges de biens ou de services). Parmi les plus connues, on peut citer l'Organisation des Nations unies pour l'éducation, la science et la culture (l'Unesco) et l'Organisation mondiale de la santé (l'OMS).

Les organisations sont-elles toutes créées par les États ?

Non, à côté des organisations intergouvernementales (OIG), créées par des traités entre les États, il existe des organisations non gouvernementales, plus connues sous le sigle ONG, qui sont créées par des personnes privées. Il y en a environ 3 000 dans le monde. Parmi les plus célèbres : la Croix-Rouge, Amnesty International, Médecins sans frontières…

L'Union européenne est-elle une organisation internationale ?

Oui et non. Oui, puisqu'elle est une alliance entre 27 États d'Europe et que les organisations internationales peuvent concerner une zone géographique particulière. Non, car elle est plus précisément une organisation supranationale, c'est-à-dire que chaque État abandonne une part de ses pouvoirs à l'Union européenne. C'est donc un cas un peu particulier puisque, habituellement, lorsque les États s'engagent avec d'autres dans une organisation internationale, ils ne se délestent pas d'une partie de leur souveraineté.

Comment punit-on ceux qui ont commis des crimes ?

S'il s'agit d'un État, il est jugé par la Cour internationale de justice (CIJ). Elle a été créée en 1946 et dépend des Nations unies. Sa fonction est de régler les conflits entre les États et de donner son avis sur des questions juridiques présentées par les organisations internationales ou par l'Assemblée des Nations unies. Elle siège à La Haye, aux Pays-Bas. S'il s'agit d'une personne, elle peut être jugée par la Cour pénale internationale (CPI). Elle a été créée pour juger les personnes accusées des crimes les plus graves, comme le génocide, les crimes contre l'humanité et les crimes de guerre. Son siège est lui aussi à La Haye. Elle n'engage de poursuites que si l'État concerné ne peut pas ou ne veut pas le faire. Ainsi, en Irak, entre 2004 et 2006, Saddam Hussein, président de la République, a été jugé et condamné à mort par un tribunal d'exception irakien, et non par la CPI. Avant sa création, l'ONU réunissait des tribunaux internationaux temporaires pour juger les criminels, comme les Hutus, au Rwanda, en 1994, coupables du génocide des Tutsis.

14.

L'Union européenne

Drapeau de l'Union européenne
Photographie

5•7

Quel est ce drapeau ?

C'est le drapeau de l'Union européenne, une association de 27 États situés en Europe. Il a été adopté en 1955 alors que l'Union se limitait à six pays, dont la France. L'Union a aussi son hymne, l'*Ode à la joie*, extrait de la 9e symphonie de Ludwig van Beethoven (1770-1827) ; sa devise est *In Varietate concordia*, expression latine qui signifie « Unie dans la diversité » ; et sa journée a lieu le 9 mai. Celle-ci commémore la déclaration de Robert Schuman le 9 mai 1950, considérée comme l'acte de naissance de la construction européenne.

Il n'y a que 12 étoiles !

Les étoiles représentent les États membres, mais ne sachant pas combien ils seraient, le nombre 12 a été retenu car il symbolisait la perfection, dans la Grèce antique. Le cercle que forment les étoiles incarne l'union entre les États, et le bleu est la couleur de la paix. Cette explication laïque a la faveur de la France, État laïc. D'autres États membres, très attachés à la foi catholique, comme la Pologne, retiennent une tout autre explication : pour eux, le 12 est une référence au Nouveau Testament dans lequel ce nombre est très présent, et le bleu est la couleur de la Vierge Marie, mère de Jésus.

8•10

Est-ce que l'Europe a un président ?

Oui, depuis le 1er janvier 2010, l'Union européenne, ou plus précisément le Conseil européen, a un président permanent. Il est désigné par ses pairs, c'est-à-dire les autres chefs d'État et de gouvernement du Conseil européen. Il a un mandat de deux ans et demi renouvelable une fois. Cette fonction a été créée par le traité de Lisbonne (entré en vigueur le 1er décembre 2009). Auparavant, la présidence était assurée par un État membre et changeait tous les six mois.

Quels sont les 27 États membres ?

À l'origine du projet, il y a six États : la France, l'Allemagne, l'Italie, la Belgique, les Pays-Bas et le Luxembourg. Déjà membres de la CECA (la Communauté européenne du charbon et de l'acier, créée en 1951), ils signent en 1957 le traité de Rome qui crée la CEE (la Communauté économique européenne). En 1973, ils sont rejoints par le Danemark, l'Irlande et le Royaume-Uni ; puis par la Grèce en 1981 ; l'Espagne et le Portugal en 1986; la Finlande, la Suède, l'Autriche en 1995; l'Estonie, la Lettonie, la Lituanie, la République tchèque en 2004; Chypre, la Hongrie, Malte, la Pologne, la Slovaquie, la Slovénie en 2004 ; et enfin la Roumanie et la Bulgarie en 2007.

Depuis quand l'Union européenne existe-t-elle ?

L'UE ne s'est pas construite en un jour. L'idée d'une fédération de l'Europe chrétienne revient fréquemment depuis la disparition de l'Empire romain d'Occident en 476 ! Elle réapparaît sérieusement après la Seconde Guerre mondiale avec des hommes qui appartiennent à la démocratie chrétienne (un courant politique qui cherche à concilier la démocratie et le message social du christianisme). Parmi ces « Pères de l'Europe », on peut citer le Français Robert Schuman, l'Allemand Konrad Adenauer et l'Italien Alcide de Gaspieri. Leur idée était d'empêcher la guerre et, pour cela, de développer les échanges commerciaux et de supprimer les frontières qui divisent les peuples. S'inspirant des États-Unis d'Amérique, ils voulaient créer les « États-Unis d'Europe », une Europe supranationale avec un gouvernement qui serait au-dessus des États. Ils échouent dans un premier temps face aux patriotismes. Par exemple, le général de Gaulle, président de la France en 1958, voulait une « Europe des nations », c'est-à-dire une union où chaque État resterait entièrement souverain. La construction européenne a donc été économique avant de devenir politique.

11•13

Comment fonctionne l'Union européenne ?

L'UE est dirigée par quatre institutions : le Conseil européen, le Conseil de l'Union européenne, la Commission européenne et le Parlement européen. Le Conseil européen rassemble tous les chefs du pouvoir exécutif des 27 États membres (le président de la République pour la France, le Premier ministre pour le Royaume-Uni, le chancelier pour l'Allemagne...). Il se réunit au moins deux fois par an à Bruxelles, et a désormais un président. Le Conseil de l'UE réunit les ministres concernés par le sujet à l'ordre du jour. Par exemple, si le sujet concerne la pêche, le Conseil de l'UE rassemble les ministres de la pêche. La Commission européenne compte 27 commissaires, dont l'un est le président. Ils sont choisis par les gouvernements des États membres et acceptés par le Parlement européen. Elle siège à Bruxelles. Le Parlement européen est la seule institution élue au suffrage universel direct. Ses 785 députés sont élus pour cinq ans. Leur nombre est proportionnel à celui des habitants de chaque pays. Les députés européens siègent par groupes politiques et non par nationalité.

Comment se font les lois dans l'Union européenne ?

Les institutions ne respectent pas la séparation habituelle entre pouvoir exécutif et pouvoir législatif. Au départ, le Conseil européen donne l'orientation politique générale. Ensuite, la Commission européenne propose un ou plusieurs textes de loi qui vont dans ce sens. Le Parlement donne son avis. Le Conseil de l'UE rédige et adopte le texte définitif de la loi. La Commission européenne veille à son application dans tous les États membres. Cette Commission joue donc un rôle fondamental : elle dispose à la fois de pouvoirs exécutifs et législatifs. Beaucoup de démocrates critiquent cette organisation. Ils estiment en effet que la Commission joue le rôle qui devrait être celui du Parlement, seule institution directement élue par les citoyens européens. Or, celui-ci a surtout un rôle consultatif.

Quelles sont les compétences de l'Union européenne ?

L'Union européenne décide exclusivement de ce qui concerne les douanes, la monnaie (l'euro), la politique commerciale et les règles de concurrence, et la conservation des ressources de la mer.
Elle peut aussi imposer ses lois pour le marché intérieur, la politique sociale, l'agriculture et la pêche, l'environnement, les transports, l'énergie, l'immigration…

15.

L'Amérique et le monde

Barack Obama à la une
de la presse française, 2008
Photographie

5•7

Qui est cet homme ?

C'est Barack Obama, le président des États-Unis depuis janvier 2009. Sur cette photographie, on voit qu'il fait la une des magazines français, car il vient d'être élu.

Il est noir.

Barack Obama est métis. Sa mère est blanche, elle est née au Kansas, en Amérique. Son père est noir, il est originaire du Kenya, en Afrique. Les ancêtres de Barack Obama ont été amenés en esclavage en Amérique, entre le XVIIe siècle et le début du XIXe siècle. Il est le premier Afro-Américain à devenir président des États-Unis. C'est un événement historique puisque, jusque dans les années 1960, les Noirs n'avaient pas les mêmes droits que les Blancs. C'était la ségrégation raciale.

Pourquoi est-il en photo sur tous les magazines ?

L'élection du président des États-Unis est un moment important dans le monde entier, car les États-Unis sont la plus grande puissance du monde. Cette fois, elle a provoqué de grands espoirs de changements. En effet, en tant que métis et membre du parti démocrate, Barack Obama incarne la rupture avec la politique du passé et celle du président précédent, George Bush, qui était républicain.

8•10

Pour combien de temps a-t-il été élu ?

Le président américain est élu tous les quatre ans au suffrage universel indirect. Les habitants de chacun des 50 États élisent 538 grands électeurs, qui votent à leur tour pour le Président. Son mandat débute le 20 janvier de l'année suivante et dure quatre ans. Il peut se représenter pour un second mandat.

Quelles différences y a-t-il entre le président français et le président américain ?

Le président américain est à la fois le chef de l'État et le chef du gouvernement (il n'y a pas de Premier ministre). Les deux présidents sont élus au suffrage universel, direct pour le Français, indirect (*via* des grands électeurs) pour l'Américain. Les deux tirent une grande légitimité de cette désignation par le peuple.

C'est l'homme le plus puissant du monde ?

Le président des États-Unis ne fait pas ce qu'il veut. Tête du pouvoir exécutif, il a face à lui le pouvoir législatif (la Chambre des représentants et le Sénat, qui forment le Congrès) et le pouvoir judiciaire (la Cour suprême). Ces pouvoirs s'équilibrent par un système croisé de contrôle et d'approbation. Ils peuvent donc entraver l'action du Président s'ils le souhaitent. De plus, le Président doit respecter les 50 États qui possèdent leur propre constitution, leurs lois et leurs gouvernants. À cela s'ajoutent les nombreux groupes de pression (ou lobbys) économiques, religieux ou sociaux, qui cherchent à influencer les décisions politiques. Les médias, surnommés le « quatrième pouvoir », scrutent aussi le moindre faux pas du président.

Les États-Unis ont-ils toujours été aussi puissants ?

Les États-Unis sont devenus la première puissance économique, culturelle, politique et militaire du monde à partir de la Première Guerre mondiale. Jusqu'ici, c'était le Vieux Continent qui dominait le monde, et surtout la Grande-Bretagne et la France avec leurs colonies. L'entre-deux-guerres, période de prospérité matérielle, a encore accru leur influence. Avec la Seconde Guerre mondiale, l'Europe est ruinée. Le monde se partage entre le bloc de l'Ouest autour des États-Unis (la France, le Royaume-Uni et toute l'Europe de l'Ouest) et le bloc de l'Est autour de l'URSS. Avec la disparition de l'URSS en 1991, les États-Unis deviennent la superpuissance sans rivale.

11•13

Comment les États-Unis interviennent-ils dans le monde ?

En principe, les États-Unis interviennent par le biais des organisations internationales (politiques, militaires ou commerciales), qu'ils ont souvent contribué à créer. Par exemple, ils sont membres permanents du Conseil de sécurité des Nations unies (chargées d'assurer la paix dans le monde), membres de l'Organisation du traité de l'Atlantique Nord (Otan), qui doit garantir la défense militaire des États-Unis et de l'Europe, membres du *G8* (qui réunit les huit pays les plus industrialisés), de l'Organisation de coopération et de développement économiques (OCDE)…

Les États-Unis sont le pays le plus riche.

Les États-Unis dominent l'économie grâce à un atout essentiel : le dollar. Principale monnaie internationale, il constitue les réserves de nombreuses banques dans le monde et les bourses américaines pèsent sur tous les prix. De plus, avec leurs 300 millions d'habitants au fort niveau de vie, les États-Unis font tourner les usines chinoises, indiennes, européennes… Cependant, depuis 2001, leur croissance est freinée par des dettes exceptionnelles, des crises boursières et un pétrole cher. Les États-Unis vivent une situation paradoxale et inquiétante : ils sont la superpuissance mais vivent à crédit et empruntent toujours plus d'argent, notamment aux pays d'Asie.

Les États-Unis font la loi dans le monde.

Les États-Unis sont parfois surnommés le « gendarme du monde ». Ils ont, en effet, la conviction d'être une nation à part, incarnant le « Bien ». Ils pensent avoir la mission de diffuser dans le monde la démocratie et la prospérité. Pour bien comprendre d'où leur vient cette croyance, il faut remonter le temps jusqu'à l'installation des premiers immigrants. Ce sont pour la plupart des puritains, c'est-à-dire des protestants radicaux, chassés d'Europe au XVIIe siècle pour leurs idées jugées trop extrémistes. En s'installant en Amérique, immense territoire très peu peuplé, ils pensent avoir trouvé le royaume de Dieu sur terre et se sentent investis d'une mission civilisatrice. Ils doivent donc combattre le « Mal », qu'il prenne la forme du nazisme pendant la Seconde Guerre mondiale, du communisme pendant la *guerre froide* ou de l'islam d'al-Qaida depuis les attentats du 11 septembre 2001.

Les États-Unis sont-ils en guerre en ce moment ?

Après les attentats de septembre 2001, les États-Unis se sont lancés dans une guerre contre le terrorisme. Ils sont intervenus militairement en Afghanistan contre le régime islamiste des talibans, et en Irak contre la dictature de Saddam Hussein, accusé d'abriter des terroristes et de menacer la paix mondiale avec ses armes de destruction massive. Hostile à l'intervention en Irak, le président Obama a ordonné le retrait progressif des troupes américaines du pays. En revanche, il a envoyé de nouvelles troupes en Afghanistan, en situation de guerre civile avec les talibans.

16.

Le socialisme

Durant le Front populaire, des ouvriers improvisent un bal dans une usine occupée, 1936
Couverture du magazine *Miroir du monde* n° 327, 6 juin 1936

5•7

Pourquoi ces gens dansent-ils ?

La scène se passe en France, en juin 1936. Les partis de gauche, unis dans le Front populaire, viennent de remporter les élections législatives. Ce succès provoque un immense espoir chez les travailleurs. Des grèves s'organisent, des usines sont occupées pour la première fois. L'ambiance est très festive. La philosophe Simone Weil (1909-1943) les a appelées les « grèves de la joie ».

Ont-ils obtenu ce qu'ils espéraient ?

En partie. Le Front populaire, avec le socialiste *Léon Blum* (1872-1950), a mis en place rapidement des mesures sociales qui ont amélioré la vie des ouvriers. Les plus célèbres sont les premiers congés payés (deux semaines de vacances) et la semaine de travail de 40 heures (au lieu de 48). L'ambiance joyeuse, cependant, ne dura pas, car en 1939 la France se retrouve plongée dans la Seconde Guerre mondiale.

Quels sont les partis du Front populaire ?

Il est constitué essentiellement de trois partis de gauche : la SFIO (la Section française de l'Internationale ouvrière), le Parti communiste français (PCF) et le Parti radical. Au moment de sa création, en 1905, la SFIO rassemblait les socialistes et les communistes. Mais, en 1920, c'est la rupture. Une partie des adhérents crée le PCF et adhère à l'Internationale communiste des révolutionnaires russes. La SFIO, conduite par *Léon Blum*, préfère garder ses distances par rapport à la politique de l'URSS. Ils s'uniront à nouveau en 1936 pour pouvoir gagner les élections.

C'est quoi, le socialisme ?

Le socialisme prône un système d'organisation de la société où les moyens de production (c'est-à-dire les machines, les usines, les capitaux) appartiennent à tous et non à quelques-uns (les patrons) comme dans le capitalisme.

8•10

Quelle est la différence entre les socialistes et les communistes ?

Le socialisme et le communisme sont les deux grandes idées de la gauche. Toutes deux partagent un même constat : la société est injuste, une petite minorité de riches profite du travail d'une grande majorité de pauvres. Le communisme va plus loin que le socialisme, puisqu'il veut construire une société sans classes sociales et sans État.

17.

Le communisme

Visages de Marx, Engels,
Lénine, Staline et Mao
Affiche chinoise du xxᵉ siècle

5•7

Qui sont ces hommes ?

Ce sont les pères du communisme. De gauche à droite, on reconnaît Karl Marx (1818-1883), Friedrich Engels (1820-1895), Lénine (1870-1924), Joseph Staline (1878-1953), et Mao Zedong (1893-1976). Cette affiche est chinoise. En se faisant dessiner avec les pères du communisme, Mao Zedong s'inscrit comme leur héritier.

Qu'ont-ils fait exactement ?

Le premier, Karl Marx, aidé du deuxième, Friedrich Engels, a surtout écrit sur le communisme – *Le Manifeste du Parti communiste* (1848) – et sur le capitalisme – *Le Capital* (paru en plusieurs volumes entre 1867 et 1894). Les trois suivants, Lénine, Staline et Mao, ont mis en pratique leurs idées et instauré des régimes communistes. Lénine et Staline en Russie, devenue l'Union des républiques socialistes soviétiques (URSS), et Mao en Chine.

C'est quoi, le communisme ?

C'est une façon d'organiser la société et les rapports entre les hommes. Pour lutter contre les inégalités, le communisme dit qu'il faut mettre en commun les moyens de production (les usines, les machines, les capitaux), car, lorsqu'ils appartiennent à des personnes privées comme dans le capitalisme, ils créent des injustices. Après cette première phase « socialiste », les communistes veulent créer une société sans classes sociales et sans État.

8•10

Est-ce Marx qui a inventé le communisme ?

Non, le communisme est une très vieille idée. Dans l'Antiquité, Platon (429-348 av. J.-C.) proposait déjà un modèle de société communiste dans *La République* (vers 375 av. J.-C.). Après lui, l'idée sera reprise régulièrement. Elle apparaît alors comme un idéal de société, une utopie, c'est-à-dire un pays imaginaire où un gouvernement idéal régnerait sur un peuple heureux. L'*Utopie* est d'ailleurs le titre d'une œuvre très célèbre du philosophe anglais Thomas More (1448-1535). Il y imagine un monde où la propriété privée, accusée d'être responsable de la pauvreté, est abolie. Jean-Jacques Rousseau (1712-1778) condamne aussi la propriété privée. Pour le philosophe français, les inégalités n'existaient pas à l'état sauvage. C'est donc la société qui les a créées en fondant la propriété.

Pourquoi Marx a-t-il été aussi important pour le communisme ?

Parce que, jusqu'à lui, le communisme résonnait comme une utopie impossible à mettre en pratique. Avec Marx, le rêve devient possible, le communisme devient « scientifique ». Il ne peut pas ne pas advenir. Marx propose en effet une nouvelle lecture de l'histoire, le « matérialisme historique ». Dans cette conception, l'histoire n'évolue plus au gré des nouvelles idéologies, mais en fonction des rapports sociaux, en particulier ceux entre les classes sociales, qui sont eux-mêmes provoqués par l'évolution des modes de production et d'échange. En d'autres mots, les techniques et les instruments utilisés pour produire des marchandises déterminent les rapports entre les individus (et donc l'histoire). Ceux qui possèdent ces moyens de production dominent ceux qui ne les possèdent pas. Il y a donc des exploitants et des exploités. Les exploitants justifient leur domination par la culture (art, politique, philosophie...). Mais bientôt, avec les progrès techniques, le maintien de ces rapports entrave les évolutions indispensables. Une lutte des classes s'engage, elle ne peut se résoudre que par la révolution.

C'est quoi, la lutte des classes ?

Une classe sociale est un groupe placé en position d'infériorité ou de supériorité au sein d'une population. Par exemple, les ouvriers, surnommés « les prolétaires », forment une classe sociale, dominée par celle des bourgeois. Pour Marx, toute l'histoire de l'humanité se résume à la lutte des classes. Dans la préhistoire, elles n'existent pas encore. Les moyens de production appartiennent au groupe. C'est le « communisme primitif ».

Les classes apparaissent au moment de l'invention de l'agriculture et de l'élevage. Des propriétaires accaparent les richesses et les moyens de production, au premier rang desquels se trouvent des hommes : c'est le système esclavagiste de l'Antiquité. Grâce aux progrès techniques, on n'a plus besoin d'esclaves mais d'individus plus autonomes : les esclaves deviennent donc des serfs. C'est le régime féodal du Moyen Âge. Les techniques évoluent encore. La principale force de travail, ce n'est plus les hommes, mais les machines.

Les propriétaires abandonnent la propriété sur

les hommes pour conserver celle sur les machines. C'est le capitalisme. Il est composé de deux classes sociales : le prolétariat (les ouvriers) et les capitalistes, ou bourgeois (les propriétaires).

11•13

Comment Marx prévoyait-il l'installation du communisme ?

Pour Marx, après le capitalisme viennent le socialisme puis le communisme. Au cours de ce processus, les machines deviennent la propriété du plus grand nombre, donc des prolétaires. Ce renversement s'effectue par une révolution et une phase transitoire, appelée la « dictature du prolétariat », au cours de laquelle le prolétariat devient la classe dirigeante. La bourgeoisie disparaît, et avec elle la notion de « classe ». L'État se dissout, laissant place à la société communiste.

Les choses se sont-elles déroulées comme Marx l'avait prévu ?

Il y a bien eu des révolutions et l'instauration de dictatures du prolétariat en Russie en 1917 avec Lénine, dans les pays de l'Europe de l'Est, en Chine avec Mao, à Cuba avec Fidel Castro et *Che Guevara*… La Russie, avec 15 autres républiques, a formé l'URSS, l'Union des républiques socialistes soviétiques, en 1922. Le pouvoir était centralisé à Moscou et a sombré dans le totalitarisme, c'est-à-dire la dictature totale. Non seulement les gens ont perdu la liberté physique (de se déplacer, de dire ce qu'ils voulaient), mais on leur interdisait aussi de penser. Les régimes communistes se sont soldés par des millions de morts.

Pourquoi y a-t-il toujours des communistes ?

Parce qu'une société sans injustices fait toujours rêver. En France, par exemple, leur participation à des gouvernements a permis l'adoption de mesures sociales. Les communistes d'aujourd'hui prétendent que le communisme n'a jamais été mis en place, qu'il a été trahi par les hommes qui ont pris le pouvoir en son nom. Une guerre des mots s'est ouverte entre marxisme, communisme, léninisme et stalinisme. Une légende a même été créée : Staline aurait perverti le système instauré par Lénine. Pourtant, les historiens ont mis en évidence que c'est bien Lénine qui a commencé à mettre en place un régime totalitaire en URSS. Aujourd'hui, il reste encore des régimes communistes (Cuba, la Chine, la Corée du Nord…).

18.

Le libéralisme

Panneaux portant des slogans hostiles au libéralisme
sur le site du rassemblement altermondialiste « Larzac 2003 », 2003
Photographie

5•7

Qu'est-ce que c'est ?

Cette mise en scène explique les méfaits du libéralisme économique. Elle résume la pensée de ses auteurs, les altermondialistes. Pour eux, il y a deux grandes directions politiques, « deux choix de société », qui sont résumés par les deux panneaux orange. D'un côté, il y a la « mondialisation réussie », le « partage, l'échange sur une terre humaine », le « commerce équitable », les « services publics ». De l'autre côté figurent l'« horreur économique libérale », les « barbelés, la police, la misère, le chaos, le capital, les actionnaires, la finance ».

Où sont ces panneaux ?

Ils ont été installés lors du grand rassemblement altermondialiste d'août 2003 sur le site du Larzac, près de Millau, dans le sud de la France. Quelque 200 000 à 300 000 personnes se sont retrouvées le temps d'un week-end pour manifester leur opposition à l'Organisation mondiale du commerce, l'OMC, qui devait tenir une conférence au Mexique quelques semaines plus tard. Les altermondialistes dénoncent, en effet, le fonctionnement des grandes organisations internationales, comme l'OMC, car elles imposent dans le monde entier des règles économiques libérales qui accroissent, selon eux, les injustices et les inégalités.

Qui avait organisé cette réunion ?

C'est la Confédération paysanne, le syndicat des paysans français, et l'un de ses porte-parole de l'époque, José Bové. Ce dernier venait de sortir de prison, où il avait été enfermé pour avoir fauché des champs d'OGM (des organismes génétiques modifiés). Il est l'une des grandes figures du mouvement altermondialiste, qui s'oppose au libéralisme économique.

8•10

C'est quoi, le libéralisme ?

C'est un courant philosophique puis politique qui prône la liberté individuelle. Il s'est développé avec des penseurs comme John Locke (1632-1704), Benjamin Constant (1767-1830), John Stuart Mill (1806-1873), etc. Avec eux, le pouvoir de l'État est limité. Son rôle est simplement d'assurer l'égalité de tous devant la loi et de protéger les libertés (d'expression, de conscience, des échanges…).

Le libéralisme est à l'origine des théories de la souveraineté du peuple et de la séparation des pouvoirs. Il a fortement influencé les révolutions anglaise, américaine et française. Il peut se confondre avec la démocratie.

Quelle est la différence entre le libéralisme et le libéralisme économique ?

Les idées libérales peuvent s'appliquer à l'économie. Le libéralisme économique se défie de l'intervention publique, prône la déréglementation et le laisser-faire, favorisant la concurrence. Mais il existe plusieurs courants plus ou moins radicaux. Par exemple, pour les plus modérés, comme John Maynard Keynes (1883-1946), l'État peut intervenir lorsque le marché se montre défaillant. Depuis l'après-guerre, le libéralisme économique a une connotation négative, malgré une large adoption de la politique libérale dans le monde.

Pourquoi le libéralisme économique est-il critiqué ?

Parce qu'il n'entraîne pas un enrichissement de tous comme prévu mais une paupérisation, c'est-à-dire une augmentation de la pauvreté, les pauvres étant à la fois de plus en plus nombreux et de plus en plus pauvres, tandis qu'une petite minorité de riches sont de plus en plus riches. D'après les altermondialistes, par exemple, il crée une nouvelle loi du plus fort. Leur mouvement dénonce la *mondialisation* par l'économie, responsable des inégalités croissantes entre riches et pauvres. Ils aspirent à une *mondialisation* équitable pour tous, fondée sur la solidarité. Ils dénoncent aussi le fonctionnement des grandes institutions mondiales, comme l'OMC et le FMI, qui ne sont pas choisies par les citoyens alors qu'elles prennent des décisions importantes (par exemple, les accords sur la propriété intellectuelle maintiennent des prix élevés sur les médicaments, empêchant ainsi les pays pauvres d'Afrique très touchés par le sida de les acheter).

11•13

Pourquoi certains le défendent-ils malgré tout ?

Parce qu'ils croient à la théorie développée par Adam Smith (1723-1790). Pour ce philosophe des Lumières et économiste écossais, le libéralisme économique entraîne la richesse des nations, qui provoque à son tour la richesse des populations. D'après lui, le marché économique s'auto-organise de lui-même ; l'État ne doit pas intervenir, sinon il risque de fausser cet équilibre. C'est la théorie de la « main invisible » (par opposition à la « main visible » de l'État interventionniste).

Quelle est la différence entre le libéralisme et le capitalisme ?

Le capitalisme est un système dans lequel les moyens de production (les machines, les usines, les capitaux) appartiennent à des personnes privées. Il désigne donc le mode de production des richesses. Tandis que le libéralisme économique est le mode de répartition des richesses.

Peut-on être capitaliste sans être libéral ?

Des capitalistes peuvent préférer un système non libéral où l'État intervient. Avec l'aide de celui-ci, le capitaliste peut alors installer son monopole dans un secteur économique, comme cela se produit en Chine. Ainsi, dans ce pays, la politique, toujours dominée par le parti communiste, commande l'économie. L'inverse, en revanche, n'est pas possible. Quand on est libéral, on accepte le capitalisme.

Quels pays sont libéraux ?

Toutes les démocraties occidentales ont épousé le libéralisme économique. On les appelle d'ailleurs les « démocraties libérales ». Dans tous ces pays, la politique a progressivement laissé l'économie et la finance prendre le pouvoir. La crise de 2008 a servi de révélateur et les dirigeants politiques ont fait part de leur intention de limiter le libéralisme économique, même si les opposants au libéralisme ont déjà déclaré leur scepticisme.

19.

L'anarchisme

Un manifestant anarchiste brandissant
un drapeau noir à Londres, 2010
Photographie

5•7

Que fait cet homme ?

Il participe à une manifestation d'anarchistes, des hommes et des femmes qui rejettent toute forme d'autorité. Ce manifestant brandit le drapeau noir de son mouvement. Il a été adopté au XIXe siècle. C'était auparavant le drapeau des pirates, un symbole d'insubordination à l'égard des États. On raconte que c'est Louise Michel, grande figure anarchiste française, qui, la première, arbora le drapeau noir, à partir d'un vieux jupon accroché à un manche à balai.

Quel est ce signe rouge ?

C'est un « A » entouré d'un cercle, un autre symbole des anarchistes. Le « A » est la première lettre du mot « anarchie ». Le cercle représente l'unité et l'ordre. Ce signe serait l'illustration d'une parole de Pierre-Joseph Proudhon, une autre grande figure du mouvement : « La plus haute perfection de la société se trouve dans l'union de l'ordre et de l'anarchie. »

C'est quoi, l'anarchisme ?

C'est le refus de toute forme d'autorité au nom de la liberté individuelle, leur valeur fondamentale. Les anarchistes veulent mettre en place une société sans domination dans laquelle les citoyens coopèrent librement. Les libertaires sont très proches des anarchistes. Le terme (construit sur les modèles de « prolétaire » et « égalitaire ») s'oppose à « libéral ». Il a été inventé par Joseph Déjacque, un écrivain anarchiste qui jugeait Proudhon trop conservateur en matière de mœurs.

L'anarchie, c'est le désordre ?

Depuis l'Antiquité, l'anarchie est perçue comme facteur de désordre puisque personne ne commande. Et comme le but de la société, c'est l'ordre, l'anarchie paraît impossible, voire inquiétante. Pour les anarchistes, elle est une forme supérieure d'organisation entre les individus. Elle suppose des relations non plus verticales – de dominant à dominé – mais horizontales – d'égal à égal. Pour y parvenir, il faut selon eux supprimer l'État, le créateur des injustices. C'est ce que Proudhon dit lorsqu'il déclare : « L'anarchisme, c'est l'ordre, sans le pouvoir. »

20.

Le totalitarisme

Benito Mussolini
s'adressant à la foule, Italie
Photographie

5•7

Qui est-ce ?

C'est Benito Mussolini (1883-1945), le dictateur qui a dirigé l'Italie de 1922 à 1945. Il se faisait appeler le « Duce », qui vient du latin *dux*, le « chef », le « guide ». Il a créé le fascisme, un régime politique où la liberté des individus n'existe pas.

Il était aimé de la foule ?

Avant la Seconde Guerre mondiale et les défaites, Mussolini était très populaire dans son pays, tout comme Hitler en Allemagne. Ils avaient instauré un véritable culte du chef autour de leur personne et apparaissaient comme des hommes providentiels qui allaient sauver la nation et ramener l'ordre. Ils ont aussi mis en place des organisations pour encadrer la population dès le plus jeune âge, comme les Jeunesses hitlériennes en Allemagne pour les enfants. Ils ont utilisé tous les moyens, comme le sport, pour se rendre populaires, la violence et la peur pour tuer toute contestation. La population ne pouvait qu'adhérer au parti.

Que signifie le mot « fascisme » ?

Il vient du latin *fascio*, qui signifie « faisceau ». Dans la Rome antique, les faisceaux étaient des sortes de haches, que portaient les licteurs, des officiers chargés de la protection des magistrats, lesquels possédaient l'*imperium*, c'est-à-dire le pouvoir de commandement et de punir. Les faisceaux représentent donc l'autorité. Mussolini se sert de cette référence au passé pour symboliser le fascisme, qui est *nationaliste* et autoritaire.

8•10

Quelle est la différence entre le fascisme et le nazisme ?

Chaque régime dépend essentiellement de l'histoire de sa nation, chacun est donc singulier. Le nazisme est l'idéologie politique qui a dirigé l'Allemagne à travers Adolf Hitler, de 1933 à 1945. Le fascisme est celle de l'Italie de Benito Mussolini.
Les deux idéologies sont très proches. Pour certains historiens, le nazisme est une forme du fascisme. Quoi qu'il en soit, elles appartiennent toutes deux à la famille des régimes totalitaires dont les mots d'ordre sont : racisme, exaltation du sentiment nationaliste, rejet des institutions démocratiques et libérales, répression de l'*opposition* et contrôle total de la société civile.

Qu'est-ce qu'un régime totalitaire ?

Le totalitarisme, c'est quand l'État dirige tout dans la société, lorsqu'il détient un pouvoir sans limites. Il cherche à tout contrôler, ne reconnaît aucun droit aux individus et ne supporte aucune opposition. C'est une dictature totale qui s'applique aux actions (comme dans une dictature classique) mais aussi aux esprits. Mussolini le formulait ainsi : « Tout par l'État, rien hors de l'État, rien contre l'État ! » Par exemple, en Argentine, à partir de 1930, les militaires fomentent plusieurs coups d'État pour empêcher la démocratie de s'installer dans le pays. Un véritable terrorisme d'État s'est mis en place avec des arrestations arbitraires, des tortures, des exécutions sommaires…
Il s'agissait pourtant d'une dictature et non d'un régime totalitaire, car le seul but de la répression était d'empêcher la contestation politique. Dans le cas de l'URSS au contraire, régime totalitaire, la terreur n'était pas employée seulement contre les adversaires du régime, elle était utilisée aussi contre des militants et dirigeants du parti.

Y a-t-il eu d'autres régimes totalitaires ?

Oui, les régimes communistes mis en place en URSS à partir de 1922 sont classés parmi les régimes totalitaires. L'extrême gauche (communisme) et l'extrême droite (nazisme et fascisme) ont employé les mêmes méthodes : parti unique qui contrôle tout et devient l'État, culte du chef, violence, police politique, délation, camps de concentration et d'extermination et des millions de morts.

Comment Hitler et Mussolini sont-ils arrivés au pouvoir ?

Adolf Hitler et Benito Mussolini ont emprunté des voies légales. Le premier est nommé chancelier par le président Hindenburg en 1933 après la victoire de son parti aux élections législatives. Le second a été chargé par le roi Victor-Emmanuel III de former un gouvernement. Tous deux ont profité du soutien de la droite *nationaliste* de leurs pays respectifs. Une fois en poste, ils se sont emparés des pleins pouvoirs et ont éradiqué la démocratie (par exemple, en Allemagne, Hitler dissout le Reichstag, obtient les pleins pouvoirs pour quatre ans grâce à une loi qu'il fait voter et suspend toutes les libertés civiles). En Russie, les communistes ont renversé le régime tsariste par la révolution de février 1917. En octobre de la même année, la petite faction des bolcheviques dirigée par Lénine a éliminé les autres révolutionnaires pour tout diriger. Le parti bolchevique devient le parti communiste, sous-entendu le seul autorisé. Il est censé traduire la volonté de la classe ouvrière.

11•13

Le fascisme et le nazisme sont-ils de droite ou de gauche ?

Ils se classent à l'extrême droite, mais ils brouillent les pistes puisqu'ils ont la particularité d'avoir rallié des membres de l'extrême gauche au moment de leur formation. Les deux extrêmes de l'échiquier politique se retrouvent sur une critique commune du libéralisme politique et autour d'une synthèse nationale et sociale. Ainsi, Mussolini a commencé sa carrière politique comme membre du parti socialiste italien. De son côté, le nom entier du nazisme est le « national-socialisme ». D'abord marginaux, les deux mouvements ont pris de l'importance, car ils ont été ralliés par les grands industriels et les grands propriétaires terriens qui ont vu en eux le moyen de rétablir l'ordre contre l'agitation communiste. À partir de là, ces mouvements ont abandonné leurs revendications sociales, ne gardant plus que leur exigence *nationaliste*.

Le fascisme a-t-il existé en France ?

C'est un objet de débat entre les historiens. Pour la plupart des Français, le fascisme n'a pas réellement existé en France. Pour l'historien américain Zeev Sternhell, le fascisme serait né en France après 1880 de la réunion des mouvements d'extrême gauche (le syndicalisme révolutionnaire) et d'extrême droite (l'Action française). Ils se seraient retrouvés dans une critique commune de la démocratie et du libéralisme politique et auraient développé leur idéologie autour du nationalisme et du social. En 1940, certains de ces fascistes français deviennent des résistants, d'autres voient en la chute de la République l'occasion de mettre en pratique leurs idées et choisissent le régime de Vichy et la collaboration.

21.

Les partis politiques

Distribution de tracts dans le métro pour la liste
Europe Écologie d'Île-de-France lors des élections
régionales françaises, 2010
Photographie

5•7

Que font ces gens ?

Ils distribuent des tracts afin de faire connaître leurs idées. Cette photographie a été prise pendant la campagne des élections régionales en 2010. La jeune femme est Cécile Duflot, la candidate de la liste Europe Écologie en Île-de-France. L'homme à l'écharpe verte est Denis Baupin, adjoint à la mairie de Paris. Ils appartiennent au même parti politique, les Verts.

C'est quoi, un parti politique ?

C'est un groupe de personnes qui veulent organiser le pays de la même façon. Elles s'associent donc pour conquérir le pouvoir et mettre en pratique leurs idées. Certains partis rassemblent des milliers de personnes, d'autres quelques dizaines. Tous participent en tout cas au débat démocratique.

À quoi sert un parti politique ?

À faire exister la démocratie. Car, pour qu'il y ait démocratie, il faut qu'il y ait le pluralisme. Les partis assurent la libre expression de toutes les idées. Ils jouent un rôle d'intermédiaires entre le peuple et le pouvoir. Ils rassemblent leurs idées et propositions au sein d'un programme dans lequel peut se reconnaître une partie des citoyens. Lorsqu'un parti emporte l'élection présidentielle, son programme devient le projet du gouvernement. De leur côté, les partis de l'*opposition* se font l'écho du mécontentement des électeurs.

8•10

Depuis quand existent-ils ?

Les partis politiques tels qu'on les connaît aujourd'hui sont récents : ils sont d'abord apparus aux États-Unis et en Angleterre, vers 1830. En France, il a fallu attendre 1901 avec la création du Parti radical. Jusqu'à cette date, les Français votaient pour un homme influent de leur circonscription.

Combien y en a-t-il ?

En France, ils sont très nombreux : aux élections législatives de 2007, ils étaient 19 à se présenter au premier tour. Il n'est pas toujours facile de s'y retrouver. Aux États-Unis, comme au Royaume-Uni, la vie politique s'articule autour de deux partis : les démocrates et les républicains pour le premier, les travaillistes et les conservateurs pour le second. En France, deux partis dominent actuellement : le Parti socialiste et l'UMP.

Comment s'appellent les partis politiques en France ?

De l'extrême gauche à l'extrême droite, les principaux partis sont :
– le PCF, ou Parti communiste français, créé en 1920 après la rupture avec la SFIO. Il est anticapitaliste et antilibéral ;
– le Nouveau parti anticapitaliste, ou NPA, a été créé en 2009. Il est avant tout antilibéral et parfois anticapitaliste ;
– le Parti de gauche, ou PG, a été créé en 2009 par Jean-Luc Mélenchon, ancien militant du Parti socialiste. Le PG s'en réfère à Marx pour promouvoir le « dépassement du capitalisme » et « la révolution par les urnes » ;
– le Parti socialiste, ou PS, héritier de la SFIO, créé en 1905. Sa voie est le « libéralisme social » et l'« économie de marché solidaire » ;
– les Verts. Ils existent depuis les années 1960, même s'ils ont changé de nom plusieurs fois. Ils optent pour une social-démocratie ayant le souci de l'environnement et du social, tout comme Europe Écologie (le rassemblement de la mouvance écologiste aux élections européennes de 2009 et aux régionales de 2010) ;
– le Modem, créé par François Bayrou en 2007. Ce mouvement pour la démocratie cherche à incarner le courant démocrate-chrétien qui n'a jamais réussi à s'imposer en France. Il se positionne en faveur du libéralisme social, c'est-à-dire un libéralisme économique dans lequel un système de redistribution des richesses est prévu ;
– l'UMP, ou Union pour un mouvement populaire, créé en 2002. Ses mots d'ordre sont : capitalisme, libéralisme et conservatisme ;
– le Front national, fondé en 1972, rassemble des catholiques, des *nationalistes*, des monarchistes. Il se présente comme la seule « vraie droite ». Son programme prône le capitalisme, le souverainisme et le *populisme*.

Comment s'appellent les membres des partis politiques ?

On les appelle les « adhérents », puisqu'ils adhèrent aux mêmes idées. Tout le monde peut adhérer à un parti en s'inscrivant et en réglant une cotisation annuelle. Parmi les adhérents, on distingue :
– les militants, qui donnent de leur temps au parti pour coller des affiches, distribuer des tracts… ;

– les permanents, qui travaillent pour le parti et sont payés par lui ;
– les cadres, qui sont élus par les adhérents ou nommés par les dirigeants. Ils « encadrent » les autres membres et organisent les activités du parti ;
– s'ajoutent à eux ceux que l'on nomme les « sympathisants » ; ce ne sont pas des adhérents, mais ils sont proches des idées exprimées par le parti et le soutiennent, à l'occasion d'une manifestation, par exemple.

Comment fonctionne un parti politique ?

Au niveau national, il y a un bureau ou un conseil national, avec son président ou son secrétaire national. Ce chef est en général élu par l'ensemble des adhérents lors d'un congrès. Dans chaque département, on trouve les fédérations des partis, dont les membres sont élus par les adhérents du département. Au niveau des villes, il y a les sections ou les cellules en contact direct avec les électeurs.

11•13

D'où vient leur argent ?

Depuis 1995, le financement des partis est majoritairement public : l'État verse directement de l'argent aux partis. Tous ne reçoivent pas la même somme : le financement est calculé en fonction de leurs résultats en nombre de voix aux élections législatives et de leur nombre d'élus au Parlement. Les partis profitent aussi d'une aide indirecte de l'État, puisque celui-ci rembourse la moitié des dépenses des candidats qui obtiennent plus de 5 % des suffrages lors des élections. Les partis politiques peuvent aussi recevoir des dons de personnes privées. Ils sont limités à 7 500 euros par an et par personne. Depuis 1995, les personnes morales (entreprises, fondations…) ne peuvent plus verser d'argent à un parti.

Pourquoi l'État finance-t-il les partis ?

Pour éviter les dérives. Avant 1995, les entreprises pouvaient verser de l'argent aux partis, mais cela a entraîné plusieurs scandales de corruption. Les dons étaient effectivement réalisés dans le but d'obtenir un avantage en contrepartie. Par exemple, dans l'affaire Elf, qui a éclaté en 2004, la juge Eva Joly a mis au jour tout un réseau de corruption mettant en cause des hommes politiques et le géant pétrolier Elf.

22.

La justice

Joseph Werner
(1637-1710)
Allégorie de la justice
Huile sur toile du XVIIe siècle

5•7

Que représente ce tableau ?

C'est une allégorie de la justice. Traditionnellement, elle est représentée avec un bandeau sur les yeux, qui symbolise l'impartialité. « La justice est aveugle », elle doit être rendue objectivement, indépendamment de la naissance et de la puissance des accusés.

Que tient-elle dans les mains ?

Elle tient ses deux attributs : le glaive et la balance. Le glaive, dans sa main droite, évoque la force de la justice, son pouvoir répressif pour faire appliquer les peines. Dans sa main gauche, la balance, composée de deux plateaux suspendus à un fléau, représente l'équité.

8•10

La justice peut-elle être injuste ?

La justice est rendue par des hommes, et comme « l'erreur est humaine », la justice peut se tromper. Il est cependant fondamental que les membres d'une société aient confiance en leur justice, c'est la base de la cohésion sociale. Sinon, ils risquent de vouloir se rendre justice eux-mêmes et rompre ainsi le contrat social. Parfois, la justice est accusée de perpétuer des injustices, mais son rôle est d'assurer l'égalité de tous devant la loi et non de rendre égales les conditions de vie entre les hommes.

De quand datent les lois ?

Le *Code d'Hammourabi*, conservé au musée du Louvre, à Paris, est l'un des plus anciens textes de loi découverts. Il est attribué au roi akkadien Hammourabi, qui a régné à Babylone de 1792 à 1750 av. J.-C. On considère ce code comme « préjuridique », car il ne s'agit pas à proprement parler d'un recueil de lois, mais plutôt d'un recueil de sentences. Il ne contient pas encore de théorie juridique. Les premières vraies théories du droit datent de la Rome antique.

Est-ce qu'on va toujours en prison quand on n'obéit pas à la loi ?

Tout dépend de la gravité de l'infraction. On distingue la contravention, le délit et le crime. La moins grave, la contravention, sanctionne par exemple un automobiliste qui emprunte un sens interdit. Celui-ci devra payer une amende à l'État. Le tribunal de police gère les contraventions. Pour un délit (vol, racket…), les condamnations vont des travaux d'intérêt général ou d'un stage de citoyenneté à une peine de prison. Le tribunal compétent s'appelle le « tribunal correctionnel ». Pour un crime (meurtre, viol...), la peine prononcée est une peine de prison. Le juge peut décider d'un sursis (la peine est alors suspendue, mais elle sera appliquée si l'accusé récidive). Pour les crimes les plus graves, la sanction pénale la plus élevée, en France, est la réclusion criminelle à perpétuité, mais c'est la peine de mort dans d'autres pays (comme dans certains États des États-Unis). Le tribunal qui juge les crimes s'appelle la « cour d'assises ».

Où sont écrites les lois ?

Elles sont rassemblées par grands genres dans des recueils, qu'on appelle les « codes ». En France, il y en a 57. Par exemple, le Code pénal rassemble toutes les lois qui déterminent quelles sont les conduites antisociales et comment la société doit réagir. Ainsi, il est stipulé dans l'article 121-3 que : « Il n'y a point de crime ou de délit sans intention de le commettre. Toutefois, lorsque la loi le prévoit, il y a délit en cas de mise en danger délibérée de la personne d'autrui. » Le Code civil concerne seulement les rapports entre les individus (les droits de succession, les contrats de mariage...). Mais il y a aussi le Code de la route, le Code de l'aviation civile, le Code des vétérinaires....

Quel a été le premier code ?

C'est le Code civil, qui date de 1804. On l'appelle aussi le « Code Napoléon », car c'est Napoléon Ier qui l'a fait mettre en place pour rassembler toutes les lois relatives au droit civil. Il a été beaucoup modifié depuis sa promulgation, mais il reste le fondement du droit français.

11•13

La justice, c'est la loi.

Dans un État, les pouvoirs sont séparés pour éviter qu'un homme ou un groupe impose sa loi : le pouvoir législatif (l'Assemblée et le Sénat) fait les lois, le pouvoir exécutif (le Président et le gouvernement) les fait appliquer, le pouvoir judiciaire contrôle cette application et sanctionne ceux qui ne les respectent pas. Ce pouvoir est confié aux magistrats (et notamment aux juges).

Qui est le plus puissant : le Président ou la justice ?

Comme le clamait Montesquieu : « Il n'y a point encore de liberté, si la puissance de juger n'est pas séparée de la puissance législative et de l'exécutrice. » Aux États-Unis, les pouvoirs du Président et de la Cour suprême sont bien séparés et s'équilibrent. En France, la situation est plus trouble puisque la Constitution de la Ve République prévoit que « le président de la République est garant de l'autorité judiciaire ». Le chef du pouvoir exécutif assure donc aussi l'indépendance du pouvoir judiciaire. En revanche, les juges sont inamovibles, le pouvoir politique ne peut donc ni les sanctionner ni les renvoyer.

Qu'appelle-t-on l'« autorité judiciaire » ?

C'est l'ensemble des magistrats. Ce sont des fonctionnaires chargés de faire respecter les lois. Il existe deux sortes de magistrats :

– les magistrats dits du « parquet », ou ministère public, qu'on appelle les « procureurs » et les « substituts du procureur ». Ils dépendent du ministre de la Justice (ou garde des Sceaux), qui peut les renvoyer s'il n'est pas satisfait de leur travail. Leur rôle est de veiller à l'intérêt de la société. Ils forment la magistrature « debout », car ils doivent se lever lorsqu'ils prennent la parole ;

– les magistrats dits du « siège », car ils restent assis ; ce sont les juges. Ce sont eux qui prennent les décisions judiciaires.

23.

Politique et religion

Jean Fouquet
(1425-1481)
Le couronnement de Charlemagne à l'église Saint-Pierre de Rome en 800 par le pape Léon III, vers 1460
Miniature du xve siècle
Bibliothèque nationale de France, Paris

5•7

Que font les personnages ?

Cette scène représente le couronnement de Charlemagne. Lors de cette cérémonie religieuse, le 25 décembre 800, le roi des Francs et des Lombards est fait empereur d'Occident par le pape Léon III dans la basilique Saint-Pierre de Rome. Ce couronnement ressuscite l'Empire romain d'Occident. Celui de Charlemagne s'étend de la mer du Nord à l'Italie et de l'Atlantique aux Carpates.

Charlemagne porte un très beau manteau.

Il est bleu, la couleur du ciel, et les fleurs de lis sont ses étoiles. Il représente le royaume de Dieu. Les trois lobes des fleurs sont aussi un symbole de la trinité catholique. Les explications ont changé au cours des époques, mais les fleurs de lis restent l'un des grands symboles de la monarchie française.

Est-ce que ça s'est passé comme sur ce tableau ?

D'après les annales, le pape Léon III a déposé la couronne sur la tête de Charlemagne avant de le faire acclamer et de se prosterner devant lui. En agissant ainsi, il a inversé le rituel dont l'ordre usuel est : l'acclamation, le couronnement et l'adoration (le pape s'agenouille devant l'empereur). En faisant cela, Léon III signifie que c'est lui qui « fait » l'empereur.

8•10

Pourquoi Charlemagne est-il couronné par le pape ?

La dignité d'empereur est liée à l'Empire romain, qui avait disparu depuis 476. Le pape, en tant qu'évêque de Rome et chef de l'Église catholique, possède la seule légitimité pour couronner Charlemagne empereur.

Pourquoi les rois se font-ils couronner ?

Pour légitimer leur pouvoir. À l'origine, la fusion entre la politique et la religion a permis la constitution des premiers États autour du pharaon, du roi ou de l'empereur. Représentant Dieu sur terre, il imposait l'obéissance aux membres de la société et garantissait sa cohésion et sa stabilité. Sans l'attribut divin, le roi est faillible, il devient légitime de s'y opposer.

À quoi sert la cérémonie du sacre ?

Elle rend la personne du roi sacrée. L'onction dote le roi de toutes les vertus chrétiennes ; il devient un nouveau Christ, chargé d'assurer la paix et la

24.

La contestation politique

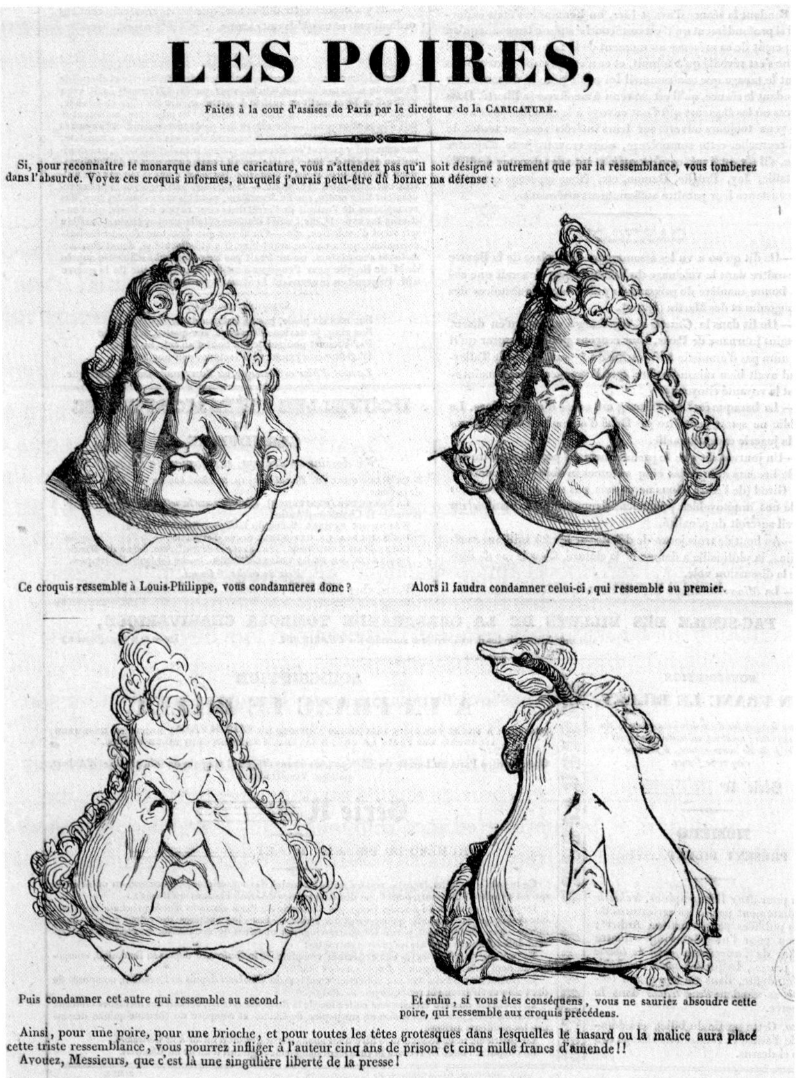

LES POIRES,

Faites à la cour d'assises de Paris par le directeur de la CARICATURE.

Si, pour reconnaître le monarque dans une caricature, vous n'attendez pas qu'il soit désigné autrement que par la ressemblance, vous tomberez dans l'absurde. Voyez ces croquis informes, auxquels j'aurais peut-être dû borner ma défense :

Ce croquis ressemble à Louis-Philippe, vous condamnerez donc ?

Alors il faudra condamner celui-ci, qui ressemble au premier.

Puis condamner cet autre qui ressemble au second.

Et enfin, si vous êtes conséquens, vous ne sauriez absoudre cette poire, qui ressemble aux croquis précédens.

Ainsi, pour une poire, pour une brioche, et pour toutes les têtes grotesques dans lesquelles le hasard ou la malice aura placé cette triste ressemblance, vous pourrez infliger à l'auteur cinq ans de prison et cinq mille francs d'amende !!

Avouez, Messieurs, que c'est là une singulière liberté de la presse !

Honoré Daumier

(1808-1879)

Les Poires, caricature représentant Louis-Philippe avec un visage en forme de poire, 1831

Dessin

Musée Carnavalet, Paris

5•7

Il se transforme en poire !

C'est une caricature très célèbre du peintre Honoré Daumier (1808-1879). Elle est parue dans le journal *La Caricature* en 1831. En quatre croquis, elle transforme le roi Louis-Philippe (1773-1850) en poire et le ridiculise. L'effet grotesque est renforcé par la juxtaposition des quatre images.

Pourquoi a-t-il dessiné le roi en poire ?

La caricature est utilisée pour critiquer quelqu'un par le rire. Elle permet de mettre en avant ses défauts, de faire ressortir les traits les moins avantageux de sa physionomie. Dans ce dessin, Daumier, républicain fervent, exprime la déception politique provoquée par la restriction de la liberté de la presse sous la monarchie de Juillet (1830-1848). Celle-ci avait pourtant été établie à l'issue de l'insurrection populaire contre les « ordonnances scélérates » (dissolution de l'Assemblée nouvellement élue, suspension de la liberté de la presse, etc.) de Charles X (1757-1836). Le 9 août 1830, Louis-Philippe, roi des Français (et non plus roi de France), prêtait, en effet, serment de respecter la nouvelle Charte, qui reconnaissait notamment la liberté de la presse.

Est-ce que le dessinateur a été puni ?

Honoré Daumier a fait six mois de prison l'année suivante pour une autre caricature du roi Louis-Philippe en Gargantua. Charles Philipon, le directeur de *La Caricature*, le journal qui publiait ces dessins, a lui aussi fait de la prison pour « outrages à la personne du roi ». La censure royale veillait et les poursuites judiciaires étaient fréquentes. Elles se soldaient le plus souvent par des amendes.

Pourquoi faut-il pouvoir critiquer les décisions politiques ?

Parce que, sans la confrontation des idées, la démocratie n'existe pas. D'ailleurs, la reconnaissance de la liberté d'expression a été l'un des premiers droits fondamentaux reconnus par les révolutions des XVIIe et XVIIIe siècles. Elle s'accompagne nécessairement de la liberté de la presse. Il est d'ailleurs significatif qu'elle figure parmi les premières libertés supprimées par les régimes autoritaires.

8•10

Depuis quand la contestation politique existe-t-elle ?

Elle est aussi vieille que la politique. L'une ne va pas sans l'autre. À toutes les époques, des théories prévoient de tuer le roi si celui-ci devient un tyran. Ainsi, au XVIe siècle, les monarchomaques (« tueurs de roi ») contestent l'absolutisme royal qui se met en place. Ils légitiment la résistance au tyran.
Née chez les protestants français, cette thèse a été ensuite reprise par la Ligue catholique, qui lutte contre le roi Henri III et son successeur, le futur Henri IV. D'ailleurs, ces deux rois de France ont été assassinés.

Quels sont les moyens de contestation ?

On distingue les moyens violents (révolte, révolution, attentats…) et les moyens non violents. En général, plus un régime est autoritaire et tente d'étouffer la contestation et plus les moyens pour se faire entendre sont violents. Les autres moyens sont les articles et les dessins de presse, les manifestations, les pétitions… Une démocratie a le devoir de favoriser leur libre expression pour permettre au débat d'idées de s'instaurer.

De quand date la liberté de la presse ?

Elle a été proclamée au début de la Révolution française. Le 26 août 1789, l'Assemblée vote la Déclaration des droits de l'homme et du citoyen et proclame la liberté de la presse : « La libre communication des pensées et des opinions est un des droits les plus précieux de l'homme. » Dès 1792, elle est suspendue, car les révolutionnaires ne supportent pas que la presse s'exprime. Ce n'est qu'en 1881 qu'elle sera vraiment acquise.

11•13

Est-ce qu'on a le droit de tout dire ?

Le principe de la liberté d'expression est reconnu et protégé, mais ses limites font l'objet de débats. En France, on n'a pas le droit de tenir certains propos : la diffamation, l'injure, l'incitation à la haine raciale, aux crimes et aux délits sont punies par la loi. Les publications destinées à la jeunesse sont également soumises à un régime spécial, depuis 1949, qui interdit la présentation favorable du banditisme, de la lâcheté ou du vol.

Est-ce la même chose dans les autres pays ?

Les États-Unis rejettent toute limite à la liberté d'expression. La Constitution le proclame dès son premier amendement : « Le Congrès ne fera aucune loi restreignant la liberté d'expression ou la liberté de la presse. » L'intellectuel Noam Chomsky explique cette position par la formule : « Mon pire ennemi a le droit d'être libre. » En France, on estime que la liberté d'expression doit être encadrée, sinon elle se heurte à d'autres droits des personnes (comme la dignité).

Y a-t-il des sujets sur lesquels on n'a pas le droit de débattre en France ?

Depuis 1990, la France a adopté plusieurs lois dites « mémorielles ». Elles imposent le point de vue officiel de l'État sur des événements historiques. La première du genre à être adoptée a été la loi Gayssot de 1990. Elle prévoit de punir toute personne défendant le négationnisme, c'est-à-dire la négation du génocide juif pratiqué par l'Allemagne nazie. Des lois similaires ont été votées concernant le génocide arménien et l'esclavage (loi Taubira) en 2001. En 2005, le débat autour d'une loi sur d'éventuels « aspects positifs » de la décolonisation a provoqué la colère de plusieurs historiens. Ils refusent que ce soit la loi qui décrète l'histoire. À la suite de ces polémiques, les députés ont décidé de ne plus voter de lois mémorielles.

Doit-on obéir à une loi que l'on juge injuste ?

L'histoire est pleine d'hommes et de femmes qui ont commis des atrocités parce qu'ils en avaient reçu l'ordre. Parallèlement, des hommes ont revendiqué le droit à la résistance, à l'instar du théologien saint Thomas d'Aquin, qui fut l'un des premiers à justifier la révolte contre un pouvoir politique injuste. En 1849, l'Américain Henry David Thoreau a développé le concept de désobéissance civile dans un essai du même nom. Elle s'exprime toujours aujourd'hui. Par exemple, en France, les faucheurs volontaires la revendiquent dans leur combat contre les cultures OGM, même s'ils encourent des peines de prison et de fortes amendes.

25.

La violence en politique

L'assassinat de l'archiduc héritier d'Autriche
et de sa femme à Sarajevo, 1914
Illustration du journal *La Domenica del Corriere*
du 12 juillet 1914

5•7

Que se passe-t-il sur ce tableau ?

Il représente l'assassinat de l'archiduc d'Autriche François-Ferdinand de Habsbourg et de sa femme, le 28 juin 1914, à Sarajevo. L'assassin, l'homme au premier plan que l'on voit de dos, est un étudiant *nationaliste* serbe, Gavrilo Princip. Cet attentat est considéré comme l'élément déclencheur de la Première Guerre mondiale.

Pourquoi ont-ils été assassinés ?

L'archiduc François-Ferdinand était l'héritier de l'empire austro-hongrois, qui était constitué depuis 1867 par l'empire d'Autriche et le royaume de Hongrie. Il exerçait ainsi son autorité sur la Bosnie-Herzégovine, qui comptait une minorité serbe très active revendiquant la réunion de tous les Slaves du Sud autour de la Serbie, principal état slave des Balkans, et donc la fin de la tutelle autrichienne.

8•10

A-t-on le droit de tuer quelqu'un si on a de bonnes raisons politiques ?

Non, selon la morale et le christianisme, qui défendent la valeur de la vie humaine. Dans les faits, les circonstances poussent parfois à l'action violente. Par exemple, pendant la Seconde Guerre mondiale, les résistants organisaient des attentats contre les Allemands occupant le sol français. Ils sont qualifiés de héros. Aujourd'hui, les Palestiniens se considèrent comme des résistants, mais ils sont qualifiés de terroristes.

La politique est-elle responsable des guerres ?

La politique permet la sortie d'un état sauvage, où la guerre et la loi du plus fort sont généralisées. Avec elle, l'État se retrouve investi du monopole du pouvoir et de la violence, et doit assurer la paix en jugeant les conflits entre ses membres. Dans ce cas, le recours à la violence signifie donc l'échec de la politique. Cependant, dans le même temps, l'établissement de la politique suppose nécessairement l'exercice d'une souveraineté dans un espace géographique. La guerre devient donc un moyen politique de défendre cette souveraineté. C'est ce que disait le théoricien militaire prussien Clausewitz (1780-1831) dans sa célèbre formule : « La politique est la guerre continuée par d'autres moyens. » La politique et la guerre sont donc indissociables. La guerre a toujours une fin politique qui permet de sortir de la guerre.

La guerre a-t-elle évolué avec la politique ?

Aux guerres entre royaumes ont succédé les guerres entre nations. Il s'agit encore de guerres classiques, où les armées régulières de pays s'affrontent dans des batailles codifiées.
Au XIXe siècle apparaît la guerre de résistance, comme la guérilla espagnole s'opposant à l'occupation française dirigée par Napoléon, puis, au XXe siècle, la guerre de libération anticoloniale. La guerre change alors de visage, elle devient révolutionnaire. Elle est menée par le peuple dans son propre État : la guerre devient civile et oppose deux visions antagonistes et irréconciliables de la société. En fait, plus les citoyens se sont politisés et plus la guerre est devenue totale, c'est-à-dire qu'elle engage aussi bien les militaires que les civils.

Pourquoi les hommes font-ils la guerre ?

D'après les anthropologues, la guerre dirigée vers l'extérieur permet de souder le groupe autour d'un chef ou d'un idéal contre un ennemi commun. Pendant la Révolution française, les guerres contre les monarchies européennes coalisées ont permis de renforcer l'idéal révolutionnaire des Français. La défense de la patrie est devenue celle des idées de la Révolution. Sans ces guerres contre l'extérieur, la Révolution serait restée parisienne.

11•13

Y a-t-il des guerres justes ?

Avant de se lancer dans une guerre, les politiques cherchent toujours à légitimer leur action (défense du droit, de la souveraineté, éthique du combattant…) D'après la philosophe Simone Weil, ce qui fait une guerre juste ce n'est pas une cause juste mais une victoire juste. Et ce qui fait qu'une victoire est juste ou non dépend de l'« ordre qui s'établit une fois les armes déposées ». Selon ces critères, la Première Guerre mondiale, qui a été justifiée par le camp des vainqueurs, dont la France fait partie, est en réalité une guerre injuste puisque les vaincus (les Allemands et les Italiens) se sont vu imposer des conditions de paix extrêmement difficiles alors même que leur responsabilité dans le déclenchement du conflit n'est pas clairement établie. Tous les historiens s'accordent d'ailleurs aujourd'hui à dire que ces conditions de paix injustes ont joué un grand rôle dans la formation du nazisme et du fascisme et donc dans le déclenchement de la Seconde Guerre mondiale.

Pourquoi ne peut-on pas tous avoir la même politique pour éviter les guerres ?

Les peuples ont des cultures et des histoires différentes. C'est ce qui fait leur principale richesse. Les uniformiser sous un même gouvernement mondial, une grande machine administrative, ne résoudrait rien, bien au contraire. Un tel gouvernement serait forcément despotique. Comme l'appréhendait la philosophe Hannah Arendt, « aucune forme de rébellion et encore moins de contrôle [...] ne serait plus possible ».

Y aura-t-il encore des guerres ?

L'arme nucléaire a instauré un nouvel ordre : « l'équilibre de la terreur ». La peur qu'elle suscite fait que son efficacité politique réside dans son non-emploi. De telle sorte que la *guerre froide* s'est caractérisée par un « état de paix conflictuel ». Aujourd'hui, les gouvernements occidentaux nient la guerre. Le mot est même banni du vocabulaire courant. Dorénavant, les opérations menées sous l'autorité des Nations unies sont présentées comme des opérations de police, tout comme celles de l'Otan (par exemple dans l'ex-Yougoslavie ou au Kosovo). Pourtant, beaucoup d'analystes les traitent de « guerres impérialistes déguisées ».

26.

La dictature

Défilé du 60e anniversaire
de la Corée du Nord, 2008
Photographie

5•7

C'est un défilé.

Cette photographie a été prise en 2008 lors des manifestations célébrant le 60e anniversaire du régime dictatorial de la Corée du Nord. Le spectacle illustre la nature du régime politique : tels des automates, les participants ne forment qu'un seul corps. Aucune place n'est laissée à la singularité et à l'individu.

Que représentent les signes du drapeau ?

Ce drapeau est celui du Parti du travail de Corée, le principal parti de Corée du Nord. Il s'inspire du drapeau du régime communiste de l'URSS : comme lui, il est rouge, couleur du sang des martyrs révolutionnaires tombés pour la cause ; le marteau et la faucille croisés, de couleur jaune, symbolisent l'union des ouvriers et des paysans. À ces symboles de la Révolution russe s'ajoute le pinceau, l'attribut du travailleur intellectuel pour les Coréens.

Une dictature, c'est quand on ne peut pas dire ce que l'on veut ?

Dans la République romaine, la dictature était une institution qui confiait les pleins pouvoirs à un magistrat pour un temps donné dans certaines circonstances graves. Par extension, elle a ensuite désigné tout régime qui s'empare du pouvoir et l'exerce sans contrôle. La dictature peut tolérer d'autres partis si l'*opposition* reste limitée et, dans le même temps, utiliser la violence pour faire taire ses vrais opposants. En Corée du Nord, par exemple, il existe d'autres partis en dehors du Parti du travail de Corée, mais il y a aussi des camps de concentration où sont enfermés les contestataires.

8•10

Est-ce qu'une dictature est forcément violente ?

La violence est la seule façon de s'imposer de façon durable. Elle crée la terreur et permet ainsi d'éviter la contestation. Cependant, c'est l'une des différences entre la dictature et le totalitarisme définie par la philosophe Hannah Arendt : « Contrairement aux dictatures traditionnelles (militaires ou autres), le totalitarisme n'utilise pas la terreur dans le but d'écraser l'opposition. La terreur totalitaire commence réellement lorsque toute opposition est écrasée. »

Combien y a-t-il de dictatures aujourd'hui ?

Il est difficile de répondre à cette question, car les critères diffèrent selon les pays. Pour l'ONU, qui reconnaît 193 États dans le monde, 89 sont des démocraties. La grosse majorité restante est constituée d'États en voie de démocratisation et de dictatures. Des régimes autoritaires se situent essentiellement en Afrique et en Asie. Parmi les plus répressifs, on peut citer la Corée du Nord avec son dirigeant Kim Jong-il, la Birmanie avec sa junte militaire et son leader Than Shwe, le Zimbabwe et son président (six fois réélu) Robert Mugabé, le Soudan et son président Omar Hassan al-Béchir (inculpé, depuis 2008, de crimes contre l'humanité et de génocide par un procureur de la Cour pénale internationale), la Libye et le général Mouammar Kadhafi.

Et si un peuple choisit un dictateur ?

C'est ce qui s'est produit en Allemagne en 1933. Les Allemands n'ont pas voté directement pour élire Hitler, mais son parti est arrivé en tête lors des élections législatives, ce qui lui a permis d'être nommé chancelier. Peut-on forcer les peuples à être libres, comme le prétendait Jean-Jacques Rousseau ? L'histoire semble démontrer que non. Un seul exemple : l'intervention américaine en Irak, qui a fait tomber le dictateur Saddam Hussein et qui cherche depuis à imposer la démocratie, rencontre de nombreuses difficultés. Pour la philosophe Hannah Arendt, qui reste la référence concernant l'analyse du totalitarisme, seule la conscience politique, et donc l'éducation, peut permettre à un peuple d'écarter un tel choix.

11•13

Quelle est la différence entre la dictature et le totalitarisme ?

La dictature désigne une manière de gouverner en dehors de la loi et du droit. Le totalitarisme est plutôt une idéologie qui se veut la vérité totale et cherche à tout contrôler. Pire, elle fonctionne comme une dynamique autodestructive où certains de ses membres sont sacrifiés à travers des purges à répétition. Tout totalitarisme est donc une dictature, mais beaucoup de dictateurs ne sont pas totalitaires. Dans la pratique, les contours sont souvent flous. Certains historiens classent la Corée du Nord parmi les États totalitaires, d'autres la rangent simplement dans les dictatures.

La France a-t-elle connu une dictature ?

Depuis la IIIe République et la réelle instauration de la République en France, le pays a connu un épisode autoritaire : « Vichy ». C'est sous ce nom qu'on désigne le régime politique du maréchal Philippe Pétain, qui a assuré le gouvernement de la France après la défaite face à l'Allemagne nazie, du 10 juillet 1940 au 20 août 1944. Son siège se situait à Vichy, en zone libre. Son instauration a suivi la démarche légale : le 10 juillet 1940, les députés et les sénateurs ont voté à une écrasante majorité l'attribution des pleins pouvoirs au maréchal Pétain, déjà président du Conseil. Le Parlement n'est pas dissous, mais il ne se réunit plus durant toute la période du régime de Vichy. Admiratif de la dictature mise en place par Franco en Espagne, le maréchal Pétain a voulu construire un nouveau modèle d'État autoritaire, paternaliste et catholique. Il a appelé cette volonté de réformer la société et la vie politique françaises, la « Révolution nationale ». La République disparaît pour laisser la place à l'« État français ». La devise républicaine est remplacée par le slogan : « Travail, Famille, Patrie », et un véritable culte de la personnalité du maréchal Pétain est créé. Les syndicats sont dissous, les grèves interdites, toutes les libertés fondamentales sont suspendues (presse, opinion, etc.), des Français sont arrêtés et déportés, y compris des hommes de la IIIe République (*Léon Blum*, Daladier, etc.)…

27.

Politique et économie

Couvertures de journaux français, 2008
Photographie

5•7

C'est quoi, la crise économique ?

C'est une rupture brutale de la conjoncture économique qui marque la fin d'une période de croissance et s'accompagne d'un ralentissement ou d'une baisse de la production et d'un développement du chômage. Cette photo illustre les unes des journaux au moment de la crise survenue en septembre 2008, aux États-Unis, et qui a ensuite touché le monde entier.

Pourquoi tous les journaux en parlent-ils ?

Parce que c'est un événement capital dont les répercussions rejaillissent sur le plan international. D'abord financière, la crise de 2008 est devenue économique. Ses effets se sont fait ressentir dans tous les pays, car, avec la *mondialisation*, nos économies sont liées les unes aux autres. Au quotidien, une crise économique se traduit par une augmentation du chômage, de la précarité, de la pauvreté…

C'est quoi, la *mondialisation* ?

C'est l'ouverture de toutes les économies nationales au niveau de la planète. Les hommes et leurs régimes politiques deviennent ainsi dépendants les uns des autres. Elle s'oppose donc à tout *protectionnisme* dans lequel l'État intervient (grâce à des mesures comme les droits de douane) pour protéger son économie contre la concurrence des autres États.

C'est quoi, l'économie ?

C'est toute l'activité qui consiste à produire, à échanger et à consommer des produits ou des services. Elle possède donc un rôle essentiel dans la vie des hommes. Elle a d'abord été considérée comme un moyen au service des États et de leurs politiques. Aujourd'hui, l'économie est très critiquée ; elle serait devenue une fin en soi et dominerait la politique. Comme preuve, ses détracteurs mettent en évidence le fait que le libéralisme s'impose désormais à travers le monde.

8•10

Quand est apparue l'économie ?

Les premières réflexions sont apparues dès l'Antiquité dans les cités-États grecques, qui commerçaient avec leurs voisins. L'économie était alors au service des États et de leurs politiques. Jusqu'au XVIe siècle, la situation a peu évolué, car la pensée dominante était celle de l'Église,

28.

Politique et médias

Carla Bruni-Sarkozy et Nicolas Sarkozy
Couverture du magazine *Paris Match*, juillet 2008

C'est le Président, Nicolas Sarkozy.

Le président de la République, Nicolas Sarkozy, pose en couverture du magazine *Paris Match* avec sa femme, la chanteuse Carla Bruni (juillet 2008). Les photos de ce genre sont nouvelles pour un président de la République, qui suivait traditionnellement un certain protocole pour ses photographies. Nicolas Sarkozy se met en scène avec son épouse et offre une nouvelle image : celle d'un couple moderne proche des Français.

On voit souvent le Président aux informations !

Cela fait partie d'une stratégie de communication. Désormais, il faut occuper le terrain médiatique et faire parler de soi pour exister. Une grande partie des actualités sont ainsi constituées d'informations issues des professionnels de la communication. Ces attachés de presse, qui travaillent pour les politiques, rédigent des communiqués sous la forme d'articles, prêts à être publiés, et organisent des « coups médiatiques ». C'est l'ère de la petite phrase, de la polémique et de la provocation. Par manque de temps et de moyens, les journalistes reprennent souvent ces « informations spectacle ».

Grâce aux médias, on connaît les idées des hommes politiques.

Les médias représentent un moyen d'expression essentiel pour la démocratie. Ils jouent un très grand rôle dans la formation de l'*opinion publique*. Pour cette raison, on les qualifie souvent de « quatrième pouvoir ». Par leurs choix de parler ou non d'un sujet, ils orientent le débat public. Ils doivent donc respecter une éthique très rigoureuse : honnêteté, exactitude de l'information, vérification des sources…

Les journalistes peuvent-ils dire tout ce qu'ils veulent ?

Les libertés d'expression et de la presse ont été promulguées ensemble au tout début de la Révolution française. L'article 11 de la Déclaration des droits de l'homme et du citoyen proclame : « La libre communication des pensées et des opinions est un des droits les plus précieux de l'homme : tout citoyen peut donc parler, écrire, imprimer librement, sauf à répondre de l'abus de cette liberté dans les cas déterminés par la loi. » Mais la presse n'est devenue vraiment libre qu'en 1881, après l'instauration de la IIIe République. Cependant, les journalistes sont soumis à certaines règles : ils ne doivent pas diffamer ou insulter une personne.

8•10

À qui appartiennent les médias ?

Il existe des médias privés et des médias publics. Les premiers sont financés par des capitaux privés et appartiennent à des entreprises privées. Les seconds sont financés par l'État. Depuis la loi de mars 2009, le Président, Nicolas Sarkozy, a provoqué la polémique en décidant de nommer lui-même le dirigeant de la télévision publique, ce qui fait craindre un manque d'indépendance de celui-ci. Car, si l'État est chargé d'encadrer les médias, privés comme publics, c'est pour assurer le pluralisme de l'information et non pour l'utiliser pour sa propagande personnelle.

Pourquoi y a-t-il des chaînes publiques ?

Depuis la fin du monopole d'État sur l'audiovisuel et l'ouverture à la concurrence dans les années 1980, le maintien de chaînes de service public, tant à la radio qu'à la télévision, doit assurer la qualité des émissions et la pluralité des voix qui s'y expriment. Ainsi, la survie de ces chaînes ne dépend pas exclusivement de leur audimat. France Culture ou Arte, par exemple, peuvent ainsi continuer à proposer des émissions à faible écoute, mais de qualité. Les missions qui leur sont dévolues sont d'informer, d'éduquer et de divertir, de favoriser la création et la production d'œuvres originales, et de développer les nouvelles techniques de production et de diffusion.

Les médias sont très nombreux.

Le pluralisme des médias ne signifie pas toujours pluralité d'opinions et diversité de l'information. Depuis les années 1980, en effet, on assiste à une concentration des entreprises de presse : elles sont quelques-unes à se partager les chaînes de télévision, les radios, les magazines et les journaux. Elles partagent toutes la même vision du monde et sont souvent liées aux gouvernants. La variété et la qualité des informations et des points de vue diffusés sont donc aujourd'hui critiqués.

C'est grâce à la télé qu'on connaît les hommes politiques.

La plupart des citoyens français ont pour unique source d'information la télévision. Le journal télévisé attire ainsi sept fois plus de public que les quotidiens et les radios réunis. Cela pose un réel souci à la démocratie pour plusieurs raisons. Tout d'abord, avoir une seule source d'information n'est pas suffisant pour se forger une opinion. Ensuite, parce que la télévision est un média de l'émotion : l'image parle à notre affectif et non à notre raison. La course à l'audience augmente encore ces aspects négatifs. Pour ne pas ennuyer les téléspectateurs, les sujets, quelle que soit leur importance, durent en moyenne 1 minute 30. Ils n'ont donc pas le temps d'aborder en profondeur les questions essentielles. Les hommes politiques s'adaptent à ce format et simplifient eux aussi leurs discours. Ils sont accusés de chercher à plaire et non plus à convaincre.

Sur Internet, on trouve toutes les informations.

Internet est aujourd'hui le média le plus démocratique. Toutes les informations peuvent s'y exprimer. Il exige de l'internaute d'exercer sa vigilance, car les rumeurs et les contenus douteux peuvent aussi s'y manifester. Mais il permet ainsi à chacun d'être actif face à l'information proposée. Chercher et déterminer chaque fois qui parle dans un site et quel est son intérêt affûte le sens critique.

11•13

Pourquoi dit-on que les médias sont le quatrième pouvoir ?

Parce qu'ils peuvent servir de contre-pouvoir face aux trois autres pouvoirs traditionnels (législatif, exécutif, judiciaire). L'exemple le plus célèbre est celui de l'affaire du Watergate aux États-Unis. Elle s'est produite en 1972 : deux journalistes américains du Washington Post ont révélé un scandale politique, dit « du Watergate » (du nom du bâtiment où l'histoire s'est déroulée) et ont provoqué la démission du Président de l'époque, Richard Nixon.

29.

Politique et écologie

Manifestation contre la BP après la marée noire
dans le golfe du Mexique, 2010
Photographie

5•7

Que fait cette jeune femme ?

Elle participe à une manifestation contre la compagnie pétrolière British Petroleum (BP). Cette marche de protestation a été organisée à New York après l'explosion d'une plate-forme de BP située au large de la Louisiane, qui a provoqué une catastrophe pétrolière début 2010. Cette jeune femme s'est barbouillée de noir pour simuler les nappes de pétrole qui ont pollué la mer et les côtes après cet accident. Elle milite probablement dans une association d'écologistes.

C'est quoi, l'écologie ?

L'écologie est la science qui étudie les relations entre les êtres vivants (humains, animaux, végétaux) et leur milieu. Apparue au XIXe siècle, elle a mis en évidence que le destin des hommes est étroitement lié à celui de la planète. À partir des années 1960, les hommes ont pris conscience des dangers courus par la Terre ; l'écologie est alors devenue un mouvement politique sous le nom d'« écologisme ».

Que font les écologistes ?

Certains ont créé des partis politiques (les Verts, Génération Écologie…) et tentent de peser sur les décisions publiques en participant aux gouvernements ou en se faisant élire comme députés, maires, etc. D'autres militent dans des associations (WWF, Greenpeace, Les Amis de la Terre…) : ils réalisent des études, alertent les citoyens des dangers… Greenpeace s'est spécialisée dans les actions médiatiques en se rendant physiquement sur les lieux des essais nucléaires ou en s'interposant entre les baleiniers et les baleines.

8•10

Depuis quand existe-t-il un ministère de l'Écologie ?

Depuis 1971. La France est l'un des premiers pays à s'être doté d'un tel ministère. À l'époque, il s'appelait le « ministère de la Protection de la nature et de l'environnement ». Il était alors chargé simplement, de coordonner les efforts des autres ministères en cette matière.

Combien de députés écologistes le Parlement européen compte-t-il ?

En 2010, les députés écologistes européens disposent de 55 sièges sur un total de 736 députés. Ils appartiennent au groupe des Verts/Alliance libre européenne, l'un des sept groupes du Parlement.

Leurs actions sont-elles efficaces ?

Les écologistes rappellent sans cesse aux hommes politiques qu'ils doivent compter avec le respect de la nature dans leurs décisions. Il est désormais mal vu de ne pas en tenir compte, même si leurs intérêts se heurtent souvent à ceux de l'argent. Grâce à leurs actions, des réunions régulières ont lieu entre les dirigeants mondiaux sur des sujets écologistes comme le climat. Des sommets de la Terre se tiennent aussi tous les dix ans depuis 1972. Ils tentent de trouver des solutions communes et d'adopter un développement durable au niveau mondial.

Quel genre de décisions prennent les États ?

En 1987, par exemple, 24 pays (175 aujourd'hui) ont accepté d'arrêter de produire des CFC, ces gaz qui détruisent la couche d'ozone. Leur production a beaucoup baissé depuis. En 2005, le protocole de Kyoto a été ratifié par la plupart des pays industrialisés (excepté les Etats-Unis, qui sont pourtant les plus gros pollueurs de la planète. Cependant, le Président Obama s'est engagé depuis son élection à lutter contre le réchauffement climatique). Les signataires s'y engagent à réduire les émissions des gaz à effet de serre.

11•13

Les écologistes sont-ils de droite ou de gauche ?

À l'origine, les écologistes se situent plutôt à gauche de l'échiquier politique. Les Verts, le parti créé en 1984 par Antoine Waechter, ont tenté de rester autonomes, mais cette position a été impossible à tenir. Le mouvement a éclaté en plusieurs partis – dont Génération Écologie, créé en 1990 par Brice Lalonde –, et Antoine Waechter a été évincé des Verts. Ceux-ci ont signé un accord avec le Parti socialiste, ce qui leur permet de participer à la gestion de conseils régionaux, d'avoir des députés, des ministres, et aussi quelques sénateurs. Parallèlement, il existe des « écologistes de droite ». Par exemple, Corinne Lepage, ancienne ministre de l'Environnement, a fondé le parti Cap21 en 1996.

Qui est Daniel Cohn-Bendit ?

Il est aujourd'hui l'une des voix écologistes qui compte le plus en Europe. Député européen, il est coprésident du groupe Verts/Alliance libre européenne depuis 2002. En France, lors des élections européennes de 2009, il a conduit la liste Europe Écologie (qui inclut les Verts) dans la circonscription Île-de-France, où il a obtenu un très bon score (20,86 % des voix).
Au niveau national, les écologistes ont obtenu leur meilleur score à des élections avec 16,28 % des voix, talonnant ainsi le Parti socialiste.
De nationalité allemande, Daniel Cohn-Bendit est une personnalité bien connue en France. Il a été l'un des leaders étudiants lors des événements de *mai 1968*. À l'époque, il était surnommé « Dany le Rouge » pour ses idées d'extrême gauche. Aujourd'hui, il se revendique comme « libéral-libertaire ».

Pourquoi les écologistes sont-ils parfois critiqués ?

Pour plusieurs raisons. Politiquement d'abord, les écologistes ont renoncé à plusieurs de leurs idées. Leur dénonciation du libéralisme n'est plus aussi forte, comme l'a prouvé leur position en faveur du traité constitutionnel européen en 2005, alors qu'ils considéraient autrefois que le libéralisme était le principal responsable de la crise écologique. À cela se sont ajoutées des rumeurs autour du Giec (Groupement d'experts intergouvernemental sur l'évolution du climat) et de ses méthodes de travail, qui ont semé le doute dans les esprits quant à la réalité du réchauffement climatique. En effet, il a été établi qu'au sein de la structure des éléments matériels contredisant le réchauffement climatique ont été sciemment tus ; d'autre part, il a été démontré que le Giec s'était trompé de deux ou trois siècles concernant la fonte possible des glaces de l'Himalaya. Le catastrophisme et la peur utilisés pour faire passer des mesures écologiques sont aussi très critiqués. Certains, à l'instar de la géographe et économiste Sylvie Brunel, pensent même que l'écologisme est utilisé par l'Occident pour garder son statut de dominant économique et stopper le développement extraordinaire des pays du Sud.

30.

Femmes et politique

Interview d'Ellen Johnson Sirleaf,
première femme élue à la tête d'un État africain, 2006
Photographie

5•7

Qui est-ce ?

C'est Ellen Johnson Sirleaf, la présidente du Liberia depuis 2006. Elle est la première femme élue Présidente en Afrique et une des premières au monde, car très peu de femmes ont accédé à ce poste. Elle a été élue démocratiquement au suffrage universel.

Je serai présidente de la République !

Aucune femme n'a jamais été élue en France à ce poste. Une seule femme a été Premier ministre en France : Édith Cresson, du 15 mai 1991 au 2 avril 1992. Elle a été aussi le Premier ministre le plus éphémère de la Ve République…

8•10

Quelle a été la première femme à diriger un pays ?

C'est Sirimavo Bandaranaike (1916-2000), au Sri Lanka (Ceylan à l'époque), en 1960. Elle a été la première femme à occuper le poste de Premier ministre dans un pays (de 1960 à 1965 ; de 1970 à 1977 ; de 1994 à 2000). La seconde a été Indira Gandhi (1917-1984) en Inde. Elle a été élue Premier ministre de 1966 à 1977 et de 1980 à 1984. Ces deux femmes sont arrivées au pouvoir démocratiquement.

Quels sont les pays dirigés par une femme ?

À l'heure où nous imprimons ce livre, nous comptons cinq pays dont le chef de l'exécutif est une femme : l'Allemagne avec Angela Merkel (chancelière élue depuis 2005), la Finlande avec Tarja Halonen (présidente élue depuis 2000), l'Irlande avec Mary McAleese (présidente depuis 1997), le Liberia avec Ellen Johnson Sirleaf (présidente depuis 2006), la Suisse avec Doris Leuthard (présidente depuis 2010).

Quel a été le premier pays à accorder le droit de vote aux femmes ?

C'est la Nouvelle-Zélande en 1893, puis l'Australie en 1902 et la Finlande en 1906. Viendront ensuite la Grande-Bretagne en 1918 (pour les femmes de plus de 30 ans, en 1928 pour toutes), tout comme la Suède et l'Allemagne, puis le Canada et les Pays-Bas en 1919 et les États-Unis en 1920 (même si quelques États l'avaient déjà adopté bien avant, comme le Wyoming en 1869 !). En France, les femmes ont obtenu le droit de vote en 1944 seulement, et ont voté pour la première fois en 1945.

Pour en savoir **plus**

mondiaux : guerre, terrorisme, crise financière... Ses recommandations sont mises en œuvre par le Fonds monétaire international (FMI), la Banque mondiale ou l'Organisation mondiale du commerce (OMC), qui sont pourtant des institutions internationales indépendantes.

Guerre froide
Période de grande tension entre le bloc de pays dominé par les États-Unis et celui dominé par l'Union soviétique, qui culmina de 1948 à 1962 et prit totalement fin au moment de la chute du mur de Berlin en 1989, qui annonçait la fin de l'URSS (1991).

Impérialisme
Volonté d'un État de dominer politiquement, économiquement ou culturellement (souvent les trois) d'autres États et de se constituer ainsi un empire.

Jean Jaurès (1859-1914)
Journaliste et homme politique français socialiste, parlementaire, créateur du journal L'Humanité en 1904. Il participa également à la création de la SFIO (l'ancêtre du Parti socialiste) en 1905, qu'il dirigea avec Jules Guesde (1845-1922). Jean Jaurès a prôné un socialisme humaniste, ou réformiste, en rupture avec le socialisme révolutionnaire, proche du communisme. Pour lui, la réforme sociale pouvait se faire dans le cadre de la République. Pacifiste convaincu, il milita activement pour empêcher la Première Guerre mondiale. Il a été assassiné le 31 juillet 1914 par un étudiant nationaliste.

Mai 68
Ensemble de mouvements de révolte qui ont agité la France en mai et juin 1968. Partie des universités parisiennes, la contestation a gagné le milieu ouvrier puis tous les milieux sociaux. Des grèves paralysent l'ensemble du pays. Dirigée d'abord contre la société patriarcale, la révolte se concentre ensuite contre le pouvoir gaulliste en place et le général de Gaulle, symbole de l'autorité. Avec ses 6 millions de grévistes, Mai 68 reste le plus important mouvement social qui ait eu lieu en France.

Mondialisation
Ouverture de toutes les économies nationales au niveau de la planète. Les hommes et leurs régimes politiques deviennent ainsi dépendants les uns des autres. La mondialisation s'oppose à tout protectionnisme dans lequel l'État intervient (grâce à des mesures comme les droits de douane) pour protéger son économie contre la concurrence des autres États.

Nationalisation
Transformation d'une entreprise privée en entreprise publique d'État. Un État nationalise certaines entreprises pour pouvoir contrôler un secteur économique jugé essentiel pour le pays (sources d'énergie, industries d'armement, banques, etc.) ou pour assurer des services publics dans l'intérêt des citoyens.

Nationaliste
Personne ou mouvement qui manifeste un très fort attachement à sa nation. Les nationalistes se regroupent

autour des valeurs reposant sur son identité (langue, culture, religion...). L'idée de nation, chère à la tradition démocratique et libérale, a été revendiquée à partir du XIXe siècle par la droite et la gauche. Avec l'affaire Dreyfus (1894-1906), le nationalisme devient un thème de la droite.

Néocolonialisme

Nouvelle méthode pour coloniser un pays par des moyens politiques et économiques, sans occuper son territoire. Le néocolonialisme est la tendance des pays riches à exercer une nouvelle forme de domination sur les anciennes colonies, bien qu'elles soient devenues des États indépendants.

Opinion publique

Idées et préjugés partagés par la population d'une société. L'opinion publique représente la voix des citoyens face aux dirigeants politiques. Elle est révélée par les élections, les sondages, les mouvements sociaux, et mise en avant par les médias. Elle est un fondement essentiel de la démocratie, mais elle court toujours le risque d'être manipulée par ceux qui la diffusent ou par ceux qui veulent l'orienter.

Opposition

Partis et mouvements qui n'appartiennent pas et s'opposent à la majorité parlementaire et gouvernementale du moment. Dans les démocraties, l'opposition joue plusieurs rôles : elle constitue un contre-pouvoir et représente la possibilité d'une alternance politique.

Parité

Égalité de représentation dans la vie politique, utilisée notamment pour parler de la situation entre les femmes et les hommes. En France, depuis 2000, une loi sur la parité impose que les femmes représentent la moitié des candidats aux élections par liste (sauf dans quelques cas précis : communes de moins de 3 500 habitants, cantonales et sénatoriales). La loi prévoit des amendes pour les partis qui ne respectent pas cette disposition.

Pensée unique

Discours dominant généralisé et rarement remis en cause aux dépens des autres pensées. Cette expression est utilisée dans un sens péjoratif pour dénoncer le conformisme des idées considérées comme majoritaires.

Populisme

Attitude ou courant politique considéré comme démagogique consistant à critiquer les élites et à leur attribuer la responsabilité des maux de la société et à en appeler au peuple. En France, ce terme est souvent employé pour qualifier le parti du Front national de Jean-Marie Le Pen.

Protectionnisme

Politique d'un État qui protège son économie contre les importations étrangères par des barrières douanières. Un pays qui établit des mesures protectionnistes tente en général de préserver un secteur de son industrie ou de son agriculture trop faible pour affronter la concurrence internationale.

Quelques **pistes**

L'ouvrage présent souhaite donner l'envie aux parents, enseignants et enfants, d'approfondir la question politique. Voici une sélection de grands classiques ou de petits livres thématiques bien faits, et de sites internet.

LES OUVRAGES GÉNÉRAUX

Avec ses 2 500 pages passionnantes, cette véritable encyclopédie retrace toute l'histoire des idées politiques, de leur naissance à aujourd'hui.
– Philippe Nemo, *Histoire des idées politiques dans l'Antiquité et au Moyen Âge*, *Histoire des idées politiques aux Temps modernes et contemporains*, « Quadrige », PUF, 1998 et 2002 (réédités en 2003 et 2007).

Un classique d'un historien reconnu, plus concis que *L'Histoire* de Nemo, il offre aussi un autre regard sur cette grande histoire des idées politiques.
– Jean Touchard, *Histoire des idées politiques*, tomes 1 et 2, « Quadrige », PUF, 1958-1959 (réédité en 2001 et 2006).

Un incontournable. La philosophe se demande si la politique a encore un sens. On y retrouve ses inquiétudes : la menace d'une disparition du politique, la domination de la bureaucratie et de l'économie.
– Hannah Arendt, *Qu'est-ce que la politique ?* « Points », Seuil (réédité en 2001).

L'histoire politique vue sous son angle philosophique.
– Michel Terestchenko, *Les Grands Courants de la philosophie politique*, Seuil, 1996.

Le fondement juridique des régimes politiques expliqué simplement par un professeur de droit public.
– Arlette Heymann-Doat, *Les Régimes politiques*, Collection « Repères », La Découverte, 1998.

DÉMOCRATIE ET RÉPUBLIQUE

Des présentations générales :
– Serge Berstein, Michel Winock, *Histoire de la France politique, tome 3. L'Invention de la démocratie : 1789-1914*, « Points Histoire », Seuil, 2008.
– Régis Debray, *La République expliquée à ma fille*, Seuil, 1998.

Des ouvrages critiques :
– Régis Debray, *L'Obscénité démocratique*, « Café Voltaire », Flammarion, 2007.
– Marcel Gauchet, *La Démocratie contre elle-même*, Gallimard, 2002.

Sur la désobéissance civile :
– Albert Ogien, *Pourquoi désobéir en démocratie ?*, La Découverte, 2010.

COMMUNISME ET SOCIALISME

L'original :
– Karl Marx, *Le Manifeste du Parti communiste*, Flammarion, 1999.

Pour bien comprendre les idées de la gauche traditionnelle, cette série de petits livres est très bien faite :
- Henri Lefebvre, *Le Marxisme*, « Que sais-je ? », PUF, 1948
- Denis Collin, *Comprendre Marx*, « Cursus », Armand Colin, 2006
- Noëlline Castagnez-Ruggiu, *Histoire des idées socialistes*, « Repères », La Découverte, 1997

Des pavés dans la mare du communisme, essentiels :
- François Furet, *Le Passé d'une illusion*, Robert Laffont, 1995
- Stéphane Courtois, *Communisme et totalitarisme*, « Tempus », Éditions Perrin, 2009
- Stéphane Courtois, Nicolas Werth, Jean-Louis Panné, *Le Livre noir du communisme. Crimes, terreur et répression*, « Agora Sciences humaines », Pocket, 2009

TOTALITARISME, FASCISME ET DICTATURE

La première analyse du totalitarisme mis en place dans l'Allemagne hitlérienne et la Russie stalinienne.
- Hannah Arendt, *Le Système totalitaire. Les origines du totalitarisme*, « Points », Seuil (réédité en 2005).
Du même auteur, *Eichmann à Jérusalem*, Collection « Folio », Gallimard (réédité en 1997).

Comment une démocratie bascule-t-elle dans le totalitarisme ? L'analyse de Raymond Aron à la fin des années 1950 reste toujours d'actualité.
- Raymond Aron, *Démocratie et totalitarisme*, « Folio », Gallimard (réédité en 1987).

POLITIQUE ET RELIGION

Un petit « Que sais-je ? » bien fichu qui expose bien la question.
- Julien Bauer, *Politique et religion*, « Que sais-je ? », PUF, 1999.

Pour aller plus loin :
- Marcel Gauchet, *Le Désenchantement du monde*, Gallimard, 1985
- René Girard, *Christianisme et modernité*, « Champ actuel », Flammarion, 2009
- Régis Debray, *Ce que nous voile le voile. La République et le sacré*, « Folio », Gallimard, 2006

DES SITES INTERNET

Des sites officiels pour découvrir et comprendre les institutions et leur fonctionnement :
- www.vie-publique.fr/decouverte-institutions
- Le site du nouveau centre d'information civique : http://cidem.org
- Un portail de l'Assemblée nationale destiné aux enfants : www.assemblee-nationale.fr/juniors/index.asp
- Un site réalisé à la demande du Sénat pour les enfants : www.junior.senat.fr www.senat.fr/visite/jeunes.html

Des sites d'information de tous bords :
- www.mediapart.fr
- www.rue89.com
- www.agoravox.fr
- www.bakchich.info
- www.arretsurimages.net
- www.lesalonbeige.blogs.com

Dans la même collection

- *Comment parler d'art aux enfants ?*, Françoise Barbe-Gall, 2002
- *Comment parler du Louvre aux enfants ?*, Isabelle Bonithon-Courant, 2005
- *A Kid's Guide to the Louvre for Adults*, Isabelle Bonithon-Courant, 2005
- *Comment parler des arts premiers aux enfants ?*, Isabelle Glorieux Desouches, 2006
- *Comment parler du musée d'Orsay aux enfants ?*, Isabelle Bonithon-Courant, 2007
- *Comment parler du château de Versailles aux enfants ?*, Nicolas Milovanovic, 2010
- *A Kid's Guide to the Palace of Versailles for Adults*, Nicolas Milovanovic, 2010
- *Comment parler du Centre Pompidou aux enfants ?*, Dominique Brisson, septembre 2010
- *Comment parler de religions aux enfants ?*, Véronique Westerloppe, octobre 2010

À paraître

- *Comment parler de l'art du xxe siècle aux enfants ? De l'art moderne à l'art contemporain*, Françoise Barbe-Gall, février 2011

Crédits photographiques

Couverture, p. 8-9, 18-19, 36-37, 42-43, 168-169 : © Droits réservés
P.46 : © North Wind Pictures / Leemage © Droits réservés
P.50 : © Herreneck / Fotolia.com
P.56 : Bridgeman Giraudon © Bridgeman Art Library
P.60 : © Dist. RMN / Photo Hervé Lewandowski
P.64 : © Dist. REA / Photo Marta Nascimento
P.68 : © Dist. Leemage / Photo Josse
P.72 : © Dist. La documentation française / Photo Jean-Marie Marcel
P.76 et 80 : © Dist. Gamma / Photos Gilles Bassignac
P.84 : © Dist. Gamma / Eyedea Presse / Photo Raphaël Gaillarde
P.88 : © Dist. REA / Photo Sébastien Ortola
P.92 : © Dist. Gamma / Eyedea Presse / Photo Alain Denantes
P.96 : © Dist. REA / Report Ditital-REA / Photo Jess Hurd
P.100 : © Sven Hoppe / Fotolia.com
P.104 : © Dist. REA / Photo Ludovic
P.108 : © Dist. Leemage / Gusman
P.112 : © Dist. Akg-images / Visioars
P.116 : © Dist. AFP / Photo Eric Cabanis
P.120 : © Dist. AFP / Photo Ben Stansall
P.124 : © Dist. Akg-images / Photo De Agostini Pict. Li
P.128 : © Dist. REA / Photo Fanny
P.132 : © Dist. Akg-images / Photo Erich Lessing
P.136 : © Dist. Leemage / Photo Raffael
P.140 : © Dist. Leemage / Photo Josse
P.144 : © Dist. Leemage / Photo Costa
P.148 : © Dist. Gamma / Hoa-qui / Photo Lafforgue Eric
P.152 : © Dist. Rea / Photo Pascal Sittler
P.156 : © Paris Match
P.160 : © Dist. Gamma / Camerapress / Photo Tina Paul
P.164 : © Dist. Panos-Rea / Photo Tim A. Hetherington